中外教育名著导读书系

朱熹、王守仁教育名著导读

王凌皓　主编

李娟　著

吉林文史出版社

图书在版编目（CIP）数据

朱熹、王守仁教育名著导读 / 李娟著. —— 长春：
吉林文史出版社，2015.12（2021.6 重印）
（中外教育名著导读书系 / 王凌皓主编）
ISBN 978-7-5472-1779-5

Ⅰ. ①朱… Ⅱ. ①李… Ⅲ. ①朱熹（1130~1200）－
教育思想②王守仁（1472~1528）－教育思想 Ⅳ.
①G40-092.4

中国版本图书馆CIP数据核字(2013)第267892号

朱熹、王守仁教育名著导读

ZHUXI　WANGSHOURENJIAOYUMINGZHUDAODU

主编/王凌皓

著者/李娟

责任编辑/高冰若

封面设计/李岩冰　李宝印

印装/三河市燕春印务有限公司

开本/720mm×1000mm　1/16

字数/180千字

印张/12

版次/2015年12月第1版　2021年 6月第6次印刷

出版发行/吉林文史出版社(长春市福祉大路5788号)

书号/ISBN 978-7-5472-1779-5

定价/39.80元

目 录

下编　王守仁教育名著导读

前　言

读史使人明智。打开带着墨香的先贤著作，回到历史，就是以一种实证态度察看昨天发生了什么，先贤们昨天在想什么……总是能受益良多。近年来，在历史解释学面前，似乎历史的实证取向成为了若干历史研究取向中的一种，甚至历史解释学构成了解构这一取向的危险。

但是，无论是实证取向历史研究的坚守，还是解构历史研究实证取向的企图，都是对一般的历史研究理论而言的，如何理解和评价某个先贤的著作，还是需要回到"先贤的著作本身"。

对先贤们思想的瘦身传播，对先贤们思想的快餐式知识消费，优点是让人们以最快捷的方式增加了关于先贤的知识，缺点是他们的思想精髓在人们头脑中被做成了"夹生饭"……很多人在快餐式消费先贤们的思想后，认为自己很懂先贤，在脱离时代背景和吾境自由地叙说和评价着他们自己在认知中有些"任意"建构起来的先贤印象和思想，似乎有许多话能说，或者说了很多。然而，当历史研究成为我们工作的一个重要部分之后，回到文本本身之后，想给自己知道的内容寻找在具体文本的位置时，会发现自己知道的东西突然变得模糊；当提笔想对先贤的思想进行一些有确切根据的陈述和评价时，发现知道的东西在变少……书到用时方恨少！

在读书时，许多老先生就反复地说，一定要找原著，哪怕是粗看一下。其实现在想来先生们是有良苦用心的，不过他们不愿意以一种明示或带着明显训示的方式让我们接受他们的态度而已。后来，我的历史研究经历也在告诉我对先贤的著作的无视和不求甚解，会造成对先贤们思想的肤浅理解甚至是误解。当面对一个先贤思想时，回到原著，这无论对实证取向历史研究的坚守者，还是对解构历史研究实证取向的研究者都是一个基础性的工作。回到原著对持不同态度对待历史学习和研究的人都是十分必要的，否则，我们的学习和研究是没有根基的——这样走下去，一切对历史思想的批判和褒奖可能都是自己的思想或自己对历史思想的理解的批判和褒奖。

然而，重读和读懂先贤们的著作是一个文献苦旅。接到《朱熹王守仁教育名著导读》写作任务，"逼迫"我踏上了重读这两位思想家著作的研究苦旅。当然，也更是我重新学习和研究他们教育思想的一个好机会。

书稿的完成，要感谢很多人。首先，是我的两个研究生。胡洋协助查阅和校正了上编朱熹教育名著导读的部分原始资料，刘西海协助查阅并校正了下编王守仁教育名著导读的部分原始资料。在此向两位研究生的辛苦工作表示感谢！（研究生姚婷、张丹帮助校对了文稿，也感谢她们。）

在写作过程中，丛书主编王凌皓教授给予了许多帮助，在此对她表示感谢！文史出版社的康迈伦编辑一直给予鼓励支持，在时间上给了很多宽限，并对书稿的校对提出了许多宝贵意见，非常感谢！感谢吕莹编辑的辛勤细致工作！

我的父母一直在替我照看刚出生的儿子，为我的写书提供了宝贵时间，在此向他们表示感谢！从在腹中听我在课上讲朱熹、王守仁的教育思想，到撰写和修改书稿时，在我身边抢纸夺笔，儿子也会很早得益于这两位大师吧！感谢先生秦玉友的支持与帮助！

本书是在研读许多著作和文献基础上完成的，感谢所有在这方面做出研究贡献的前辈和同行，感谢你们的启发和激励！

由于时间、篇幅和作者学识有限，对初学者而言，本书只是进一步学习和研究朱熹和王守仁教育思想的入门书；对这方面的研究者而言，本书只能是抛砖引玉之作。欢迎各位前辈、学者批评指正！

上编
朱熹教育名著导读

　　对朱熹的教育著作中的教育思想应该如何给予一个总体的描述本身就是一个具有挑战性的工作。不过我们仍然可以从他的活动和哲学思想入手，寻找朱熹教育著作的教育思想脉络。

　　朱熹可以被认为是一个典型的成功文人，为学和为官是贯穿着他作为成功文人一生的两条主要线索。朱熹不仅学而优则仕，而且边仕边学，甚至不仕而学，一生为学时间远远大于为官时间。为官让他有机会接触社会，也有可能更有效地组织教育活动。朱熹的为学，不仅超越了求学为做官，而且其学也超越学习活动本身。在"学"上他有两个超越：首先，他不仅向前人学习，而且出版教材，深入研究，著书立说，使其学习与研究结合起来，学习和研究相互促进；其次，他不仅自己进行学习和研究活动，而且创办学校，建立新的教育制度，主持和参与教学。

　　作为思想家，其思想要具有稳定性、系统性、解释力和影响力。朱熹的思想无疑具备了这些特点。其教育思想之所以能具备这些特点，除了上述所说的他的从政为官经验、办学教学经验之外，还有他发展了并且拥有了稳定的人性论认识。朱熹坚持"天地之性"（天命之性）与"气质之性"二元论的人性说，并对其进行了详尽的论述。朱熹在哲学上坚持精神的"理"第一性，同时，他认为，理体现于人身上，与气不能分离，必然与气相杂而存在，一定程度上承认人可以通过学习和教育改变"气质之性"。这给他的教育思想发展和教育实践展开留下了理论空间。

朱熹的教育思想有着坚实的实践基础和哲学基础。可以说朱熹的为官实践和教育实践为他的思想奠定了实践基础。深度接触社会和组织参与教育活动，会接触到社会和教育中的深层次的问题，朱熹的这些教育活动成为其教育思想的重要内容，也促进其对哲学问题和教育问题的深度思考。朱熹的哲学思想，尽管由于时代的局限性，为后人从不同立场上所诟病；作为其教育思想的哲学基础，对其教育思想有着指导性影响也是一个不争的事实，当然这也可能对其教育思想的现实价值构成釜底抽薪式的影响。但由于朱熹的教育思想有实践基础的支撑和校正，没有陷入纯粹哲学上的推演，这也增加了其教育思想的实践解释力。

朱熹的教育思想涉及许多教育领域，如书院教育、童蒙教育、家庭教育、读书方法等。书院教育的思想，可以看作是对高等教育研究的一些努力。童蒙教育可以看作是其对启蒙教育和小学教育研究的探索。家庭教育，在朱熹那里有着独特地位，"齐家"是"治国"的基础，家庭教育也是学校教育的基础，基于对家庭教育重要性的认识，朱熹对家庭教育进行了专门研究。在古代，读书方法是最主要的学习方法，如何读书影响着学习的效果和质量，为让学生成圣贤，读书方法也是朱熹教育思想的一个重要部分。朱熹教育思想的一些方面在今天看来仍然有较强的辩证借鉴价值。

在中国教育思想谱系中，由于其学术成就在中国学术思想中的地位，以及其学术主张在政治活动和教育领域中的影响，朱熹是一个难以超越的人物。人是社会建构的产物。朱熹作为思想家，他的思想可以通过他的生平活动去理解，可以通过他的相关著作来把握。

一、朱熹生平及其教育思想

一个思想家在思想史中的坐标可以通过他的家庭背景、教育经历和社会活动来定位。朱熹的家庭教育为他的为官和为学打下坚实的基础。朱熹师承洛学传人为他成为理学大师提供了必要的师承系统知识前提。他的社会活动和教育活动，在传播和践行他思想的同时，丰富了他的思想。

（一）朱熹生平和教育活动

朱熹（1130—1200），字元晦，后改为仲晦，号晦庵，晚年号晦翁，遁翁、云谷老人、沧州病叟，别称紫阳，卒谥为文，爵封为公，故又称朱文公。朱熹祖籍婺源县（原属安徽徽州，现属江西婺源县），出生在福建南剑州尤溪（今福建南平）。朱熹是南宋著名的理学家、哲学家、教育家、闽学代表人物，后世尊称为朱子。

朱熹自幼师从其父朱松。绍兴十八年（1148年），朱熹考中进士，之后，先后赴任泉州同安县主簿、浙东提举常平茶盐公事、漳州知州、焕章阁待制兼侍讲等职。

绍兴三十年（1160年），时年三十岁的朱熹向二程再传弟子李侗[1]求学。李侗非常欣赏朱熹，曾赞扬他："颖悟绝人，力行可畏，其所诡难，体人切至，自是从游累年，精思实体，而学之所造亦深矣。"求学于李侗，受其教育与影响承袭"洛学"的正统，这奠定了朱熹的理学基础。

淳熙六年（1179年），朱熹时任知南康军，在访查白鹿洞旧址之后，重建了书院，并搜集江西诸郡书籍充实书院的藏书，购置日产供书院办学。在白鹿

---

[1]　程颐的三传弟子，程颐是"洛学"的创始人之一。

洞书院，朱熹亲自主持教学活动。他在总结前人办学所订规制以及禅林清规的基础上，制定了著名的学规《白鹿洞书院揭示》。由于朱熹的努力和书院的办学影响，白鹿洞书院得到朝廷的认可。

绍熙年间，朱熹任漳州知府，关注州县学，他"每旬之二日必领属官下州学视诸生，讲《小学》，为其正义；六日下县学，亦如之"。同时，朱熹刻印的"四书""五经"广为流传。

绍熙三年（1192年），朱熹返回建阳，移居考亭，建"竹林精舍"，后更名"沧州精舍"，四方求学者众多。淳祐四年（1244年）诏为考亭书院，理宗皇帝赵昀御书匾额褒崇之。

绍熙五年（1194年），朱熹任湖南安抚使，再度到潭州，重整岳麓书院，并把《白鹿洞书院教条》颁布于岳麓书院，成为该院正式学规。同年八月，朱熹被举为焕章阁待制兼侍讲。此间曾上书宁宗，指斥宰相韩侂胄窃权害政，宁宗不仅不听，反而罢免了朱熹的官，任侍讲仅46天。朱熹被罢官后回到建阳考亭，专事讲学，不再过问政事。然而，在随后的几年中，韩派斥道学为伪学、朱派为逆党，朱熹门人被流放或监禁，这就是历史上所说的"庆元党祸"。庆元六年（1200年）三月九日，朱熹病逝。

嘉定二年（1207年）诏赐遗表恩泽，谥曰文，寻赠中大夫，特赠宝谟阁直学士。理宗宝庆三年（1227年），赠太师，追封信国公，改徽国公。

纵观朱熹一生，虽然多次担任地方官职，但每次的时间都不长。自24岁开始做官，到71岁去世，共被授官20余次，由于权臣当道，多次遭受排挤，或辞而不就，真正在地方上做官总计不过10年，在朝做官40余天。朱熹一生的大部分时间从事读书、讲学和注释儒家经籍。因此，他在学术上和教育上的成就比其他方面更为卓著。

朱熹从事教学五十多年，所到之处，始终注重对书院和官学的建设，坚持以理学的思想对经典文献进行整理阐释，并在继承前人的基础上形成了独具特色并深有影响的理学教育思想。

在长期的教育实践活动中，朱熹培养的学生多达几千人，其中有名可考者即有375人。朱熹在着力发展儒学的过程中，继承了古代家庭"德教为本"的教育传统，认为治家是治国的基础。为此，朱熹十分重视家庭的伦理教化，并为此倾注了大量心血。其蒙学教育思想除散见于一些诗文中外，还可以在他为儿童编写的教材《小学》与《童蒙须知》中寻找和挖掘。

朱熹在教育过程中，非常注重书院的建设，在书院教育方面，他修建了当时全国四大书院中的"白鹿洞书院"和"岳麓书院"，创建了考亭书院、武夷书院、紫阳书院、晦庵书院、建安书院。朱熹编著了大量书籍。除去一些失传没有被收录的，现存所见如《四书章句集注》[1]《周易本义》《大学章句》《孟子集注》《资治通鉴纲目》《杂学辨》等四十多部（篇），后世学者辑录的还有《朱子全书》《朱子语类》《朱子遗书》等，这些都是研究其思想的重要资料。

朱熹一生还编撰了多种教材，例如，他与吕祖谦在淳熙二年（1175年）合作编成的《近思录》一书，精选了周敦颐、张载、二程的语录622条，共十四卷，是学习理学的重要入门书。又如，他于淳熙四年（1177年）编成的《小学》一书，精选了"古圣先贤"的言行，共6卷，分内、外两篇，是颇有影响的蒙学教材。当然影响最深广、最重要的是《四书集注》。《四书集注》刊印之后，不久就风行天下，元朝皇庆二年（1313年），规定科举考试以《四书集注》取士，从此，《四书》成为科举考试的标准答案和各级学校必读的教科书，其地位甚至高于《五经》，影响中国封建社会后期的教育长达数百年之久。

---

[1]　朱熹对《论语》、《孟子》注释称为《集注》，对《大学》、《中庸》的注释称为《章句》，在晚年守漳州的任上时朱熹把此四书合而为一出版，后来统称《四书章句集注》，简称《四书集注》。

（二）朱熹教育思想

朱熹的教育思想不是孤立的，理解朱熹的哲学思想对于理解朱熹的教育思想具有重要意义。教育的对象是人，哲学中人性的立场直接影响教育命题的提出和教育思想的展开。这里对朱熹的人性论主张进行简单回顾和评价，旨在为理解其教育思想找到哲学上的人性论基础。

1. "天命之性"与"气质之性"的人性论

纵观我国教育史上，各个学派的教育家对人性问题都非常关注，由于不同学派对人性的看法不同，他们提出过自己的观点和看法，并以此为依据来阐述他们对教育的作用、目的和任务等一系列问题的看法。朱熹从客观唯心主义的宇宙观（本体论）出发，综合分析各学派关于人性问题的主张，提出自己对人性的看法，即"天地之性"（天命之性）与"气质之性"二元论的人性说。

何谓"理"？何谓"气"？在朱熹看来，宇宙的本体是精神，即其所谓的"理"，他在《答黄道夫》中说"理也者，形而上之道也，生物之本也"[1]。宇宙的现象是物质即其所谓的"气"，他说，"气也者，形而下之器也，生物之具也"[2]。

对于"理"与"气"之间的关系，朱熹认为："天下未有无理之气，亦未有无气之理。"他认为理与气是不可分的，理是气的本体，气是理的体现。同样道理，太极和阴阳，道和气，即精神和物质也是不可分的。在理与气孰先孰后的问题上，他认为宇宙的本体是一种精神世界，是更高的存在，宇宙的现象是一种物质世界，是受精神所支配的。朱熹是坚持先有理而后有气的，也就是说，精神的理是第一性的，物质的气是第二性的，是由理派生出来的，是依赖于理的。

---

[1] 朱杰人，严佐之，刘永翔.《朱子全书》[M].第二十三册，《答黄道夫》.上海：上海古籍出版社，合肥：安徽教育出版社，2002.2755.

[2] 朱杰人，严佐之，刘永翔.《朱子全书》[M].第二十三册，《答黄道夫》.上海：上海古籍出版社，合肥：安徽教育出版社，2002.2755.

"理一分殊"是朱熹论证太极和万理、万事的关系。万理都来源于一个总的理，即为"理一"，万物有万理，即"分殊"，"万物皆有此理，理皆同出一源，但所居之位不同，则其理之用不一。如为君须仁，为臣须敬，为子须孝，为父须慈，物物各具此理，而物物各异其用"[1]。

天理表现在人身上就叫作性，理体现于人身上与气不能分离，必然与气相杂而存在。人性又分为天命之性和气质之性。所谓"天地之性"，是指人生来就具有的善的观念，即仁、义、礼、智等封建道德规范，朱熹说，"论天地之性，则专指理言。"[2] "气质之性"是与气相杂的理，朱熹说，"论气质之性，则以理与气杂而言之。"[3] 抛开这一理论的合理性来看，这理论已经达到了一个比较严密的程度，这一理论主张可以为之前的相关观点提供一些解释。朱熹依据二元论的人性说对孔子提出的人分为"生而知之""学而知之""至而学之"和"困而不学"的主张进行了解释。关于四种人的划分便有了二元论的人性说的理论依据："气之为物，有清浊昏明之不同，禀其清明之气，而无物欲之累，则为圣；禀其清明而未纯全，则未免微有物欲之累，而能克以去之，则为贤；禀其昏浊之气，又为物欲之所蔽，而不能去，则为愚为不肖。"[4] 这把圣贤与众人、下民之间划了一条不可逾越的鸿沟，说明了人的贵贱、贫富等级差别是不可改变的，是由"气"所决定的。这与朱熹坚持先有理而后有气的精神第一性有直接关系。能否克除物欲，回复天理，变化气质，成为朱熹教育的目的。

不过朱熹认为，变化气质极难，他激励人们"勇猛直前""用功克治"，经

[1] 朱杰人，严佐之，刘永翔.《朱子全书》[M].第十四册，《朱子语类·卷十八》.上海：上海古籍出版社，合肥：安徽教育出版社，2002.606.

[2] 朱杰人，严佐之，刘永翔.《朱子全书》[M].第十四册，《朱子语类（壹）·卷四》.上海：上海古籍出版社，合肥：安徽教育出版社，2002.196.

[3] 朱杰人，严佐之，刘永翔.《朱子全书》[M].第十四册，《朱子语类（壹）·卷四》.上海：上海古籍出版社，合肥：安徽教育出版社，2002.6196.

[4] 朱杰人，严佐之，刘永翔.《朱子全书》[M].第二十四册，《朱文公全集（伍）·卷七十四》.上海：上海古籍出版社，合肥：安徽教育出版社，2002.3590.

过"人一己百，人十己千"的痛下功夫，恢复"天命之性"，"虽愚必明，虽柔必强"。可见，朱熹的人性论在一定程度上承认了人的"气质之性"是可以改变的，即通过良好的教育能调整"气质之性"中的善恶成分，使人弃恶从善。成圣成贤的大门是敞开的。"气质之性"在一定程度上为可变教育留出空间。朱熹的气质之性的概念强调同一层次上并无两种人性，天命之性是本然之性，现实的人性只是气质之性，天命之性必须通过气质之性来实现。[1] 由于朱熹在哲学上坚持精神第一性的主张，而且在一定程度上又承认人可以通过学习和教育改变，因此，朱熹关于教育的目的和培养目标的主张，是以"存天理，灭人欲"这一根本问题为出发点的，通过良好的教育及自己努力修养和学习，让为学之人达到圣贤的境界。

2. 存天理，灭人欲的教育目的

朱熹在二元论人性说的基础上，进一步提出了"道心"与"人心"的划分。"人心"，是指人们的欲望和要求。在朱熹看来，人心代表了低级的欲望，是自私的，恶的源泉。"道心"，则是指"天理""义理"，朱熹经常谈论"人心惟危，道心惟微，惟精惟一，允执厥中"，在他看来，人心、道心只是这一个心。知觉从耳目之欲上去的是人心，从义理上去的是道心。但是人心并非完全不好，如果恰当，就是"道心"，但因为很难恰当，所以说"危"。天理人欲，同行异情。只要人欲得当，就是天理。[2] 但是，在大多数情况下，人心和道心是相对立的。如果要追求道心，就应该克制人心。在这种思路下，他提出了"存天理，灭人欲"的教育思想，这也是其整个教育思想的基本出发点。

朱熹所说的"天理"，实质上就是维护封建等级制度的人伦关系，以及有利于维护封建统治秩序的道德信条。简言之，就是维护封建礼教的"三纲五

[1] 张丽华.宋明理学中"气质之性"的考察[J].武汉大学学报（人文科学版），2005，(4)：421.

[2] 李士金.程朱言论精神分析[M].北京：中国文史出版社，2002.86—89.

常"。所谓"人欲",便是人仁对物质生活的要求,以及违反封建礼教规定的思想和言行。

朱熹认为,在克制"人欲"、复得"天理"的问题上,必须同时下功夫,一点一滴地做起,丝毫不能放松。朱熹还认为,在克制"人欲"、复得"天理"的问题上,主要靠自我检点,并下定最大决心。所以在朱熹看来,"圣贤"并非是高不可攀的。关于"圣贤"的标准,朱熹也有明确的看法。他指出:"德无不实,而明无不照者,圣人之德,所性而有者也,天道也。"这就是说,"圣人"须具有最好的品德及洞察一切的聪明才智。而这种品德和才智是"所性而有者",生来就有的。"贤人"需经过学习才具有认识和履行善德的能力,"由教而入者",是通过教育获得的。

3. 教育的阶段与内容

在教育的阶段与划分上,朱熹主张把教育分为"小学"和"大学"两个阶段。这一划分源自三代教育传统,"三代之隆,其法寖备,然后王宫、国都以及闾巷,莫不有学。人生八岁,则自王公以下,至于庶人之子弟,皆入小学,而教之以洒扫、应对、进退之节,礼、乐、射、御、书、数之文;及其十有五年,则自天子之元子、众子,以至公卿、大夫、元士之适子,与凡民之俊秀,皆入大学,而教之以穷理、正心、修己、治人之道。此又学校之教,大小之节,所以分也"[1]。

朱熹非常重视小学教育,也把这一阶段比喻为"打胚模",他说:"古者小学已自养得小儿子,这里定己自是圣贤胚璞了"[2],"古者小学已自暗成了,到长来已自在圣贤胚璞,只就上面加光饰。"[3]所以在小学阶段打好做圣贤的胚璞至

---

[1] 朱杰人,严佐之,刘永翔.《朱子全书》[M].第六册,《四书章句集注·大学章句序》.上海:上海古籍出版社,合肥:安徽教育出版社,2002.13.

[2] 朱杰人,严佐之,刘永翔.《朱子全书》[M].第二十四册,《朱子语类(壹)·卷七》.上海:上海古籍出版社,合肥:安徽教育出版社,2002.268.

[3] 朱杰人,严佐之,刘永翔.《朱子全书》[M].第二十四册,《朱子语类(壹)·卷七》.上海:上海古籍出版社,合肥:安徽教育出版社,2002.269.

关重要，将来在此基础上加工，就可以成为圣贤，若是基础没有打好，想要弥补就很困难了，正如朱熹所说"而今自小失了，要填补实是难"。[1] 因此，教育要从基础做起，"必使其讲而习之于幼稚之时，使其习与知长，化与心成，而无扞格不胜之患也。"[2]

朱熹认为小学阶段是形成行为习惯和道德素养的时期，小学阶段教育与大学阶段教育互为表里又相对独立。小学阶段应该以"事教"为主。日常的饮食穿衣、举止言行都是教育的内容。这些行为习惯是日后穷理接物、研究高深学问的基础。朱熹在《童蒙须知》序言中说道："夫童蒙之学，始于衣服冠履，次及言语步趋，次及洒扫涓洁，次及读书写文字，及有杂细事宜，皆所当知。"朱熹强调小学不必涉及高深的学理，重要的是做好眼前身边的事情。"如事君、事父、事兄、处友等等，只教他依此规矩去做"；"教小儿只说个义理大概，只眼前事或洒扫、应对之类作段子亦可。"[3]

儿童教育应该注重儿童学习的特点，教育内容要尽量生动具体，浅显易懂。为此，朱熹专门为儿童编写了许多教材和读物，如《训蒙绝句》（也称《朱子训蒙诗百首》）《论语训蒙口义》《童蒙须知》《易学启蒙》《小学》等蒙养书。在《朱子语类》中，也单独有一卷专门记录了朱熹讨论小学教育的内容。这些蒙养教材都体现了朱熹"学其事"的儿童教育观点。如《童蒙须知》，从衣服冠履、语言步趋、洒扫涓洁、读书写文字、杂细事宜五个方面为儿童的日常行为制定了准则。

大学教育是小学阶段的深造和发展。大学教育内容的重点在于"教理"，

---

[1] 朱杰人，严佐之，刘永翔.《朱子全书》[M].第二十四册，《朱子语类（壹）·卷七》.上海：上海古籍出版社，合肥：安徽教育出版社，2002.269.

[2] 朱杰人，严佐之，刘永翔.《朱子全书》[M].第十三册，《小学原序》.上海：上海古籍出版社，合肥：安徽教育出版社，2002.393.

[3] 朱杰人，严佐之，刘永翔.《朱子全书》[M].第十四册，《朱子语类（壹）·卷七》.上海：上海古籍出版社，合肥：安徽教育出版社，2002.271.

注重探究小学阶段所教之事的道理，即"事物之所以然"。他说："小学者，学其事；大学者，学其小学所学之事之所以。"[1] 朱熹认为，大学教育的主要任务是为国家培养有用的人才，他说："国家建立学校之官，遍于郡国，盖所以幸教天下之士，使之所以修身、齐家、治国、平天下之道，而待朝廷之用也。"[2] 所以，大学阶段的教育内容主要包括"穷理""修己""治人"三个方面的要求。[3]

4. 道德教育

朱熹继承并发展了儒家"德治""仁政"的传统思想，强调道德教育在"治国""安民"方面的重要作用。他的德育思想以"存天理，灭人欲"为宗旨，目的是培养"诚意正心修身齐家治国平天下"的统治人才，他说："德行之于人大矣……士诚知用力于此，则不唯可以修身，而推之可以治人，又可以及夫天下国家。故古之教者，莫不以是为先。"[4] 道德教育要培养"仁人"。儒家人伦是"天理"的体现，道德教育要以三纲五常为核心内容。同时，朱熹并不否定"人欲"的合理性，只是批判奢侈浪费及纵欲主义。"人欲便也是天理里面做出来，虽是人欲，人欲中自有天理。"[5]

为了培养"仁人"，在德育过程中应该做到以下几个方面：

（1）立志

朱熹认为志向明确是为学的前提，不立志，做人的目标和方向就不明确，前进就没有动力。"学者须是立志。今人所以悠悠者，只是把学问不曾做一件

[1] 朱杰人，严佐之，刘永翔.《朱子全书》[M].第二十四册，《朱子语类（壹）·卷七》上海：上海古籍出版社，合肥：安徽教育出版社，2002.269.

[2] 朱杰人，严佐之，刘永翔.《朱子全书》[M].第二十四册，《朱文公全集（伍）·卷七十五·送李伯谏序》.上海：上海古籍出版社，合肥：安徽教育出版社，2002.3637.

[3] 王炳照、阎国华.中国教育思想通史[M].第三卷，长沙：湖南教育出版社，1994.250.

[4] 朱杰人，严佐之，刘永翔.《朱子全书》[M].第二十三册，《朱文公文集（肆）·卷六十九·学校贡举私议》.上海：上海古籍出版社，合肥：安徽教育出版社，2002.3357.

[5] 朱杰人，严佐之，刘永翔.《朱子全书》[M].第十四册，《朱子语类（壹）·卷十三》上海：上海古籍出版社，合肥：安徽教育出版社，2002.388.

事看,遇事则且胡乱恁地打过了。此只是志不立。"[1] "立志要如饥渴之于饮食。"[2] 并且，志向要远大，学者应以成贤成圣为己任。"学者大要立志。所谓志者，不道将这些意气去盖他人，只是直截要学尧舜。……学者立志，须教勇猛，自当有进。"[3]

（2）持敬

朱熹把持敬的功夫作为道德主体自觉性、主动性和独立性的方法。他认为程颐"涵养须用敬、进学则在致知"的思想，是"学者立身进步"的总原则。[4] 他说："敬字功夫，乃圣门第一义，彻头彻尾，不可顷刻间断。"[5] 朱熹认为，"居敬"的修养功夫，要从两方面努力："内无妄思"，即自觉抑制人欲的诱惑，自觉执守封建伦理道德；"外无妄动"，即在服饰、动作、言语态度等外貌方面，"整齐严肃"，符合封建伦理道德规范。[6]

（3）涵养

涵养是存养心性的功夫，是对孟子"存其心，养其性"思想的继承和发展。朱熹认为，人先天具有善行，只是有时候被物欲蒙蔽了，因此需要存养的功夫来发扬善性，不使本性丧失。涵养是重要的日常功夫，在《答胡广仲》中，朱熹说道："须是平日有涵养之功，临事方能识得。"涵养要平日里时刻进行，如流水骑马一般，日积月累就有成效。

---

[1] 朱杰人，严佐之，刘永翔.《朱子全书》[M].第十四册，《朱子语类（壹）·卷八》.上海：上海古籍出版社，合肥：安徽教育出版社，2002.281.

[2] 朱杰人，严佐之，刘永翔.《朱子全书》[M].第十四册，《朱子语类（壹）·卷八》.上海：上海古籍出版社，合肥：安徽教育出版社，2002.282.

[3] 朱杰人，严佐之，刘永翔.《朱子全书》[M].第十四册，《朱子语类（壹）·卷八》.上海：上海古籍出版社，合肥：安徽教育出版社，2002.280.

[4] 韩钟文.朱熹教育思想研究[M].南昌：江西教育出版社，1989.202.

[5] 朱杰人，严佐之，刘永翔.《朱子全书》[M].第十四册，《朱子语类（壹）·卷十二》.上海：上海古籍出版社，合肥：安徽教育出版社，2002.371.

[6] 孙培青.中国教育史[M].上海：华东师范大学出版社，2000.223.

（4）省察

朱熹认为省察是儒家学派修养的重要方法，是道德内化的重要方法。人应当"无时不省察"，像曾子一样每日"三省吾身"。在两种情况下需要"省察"：一是"省察于将发之际"，即在不良念头刚刚露头时，就应该进行反省和检查，将其消灭在"萌芽"之中；二是"省察于已发之后"，即在不良言行已经暴露后要及时进行检查和纠正，不让其继续滋长。朱熹的这一见解，表明他在道德教育中既强调防微杜渐，同时又重视纠失于后。[1]

（5）力行

朱熹十分重视"力行"，他强调要把道德认识、道德理想和信念转化为道德行为，他说："夫学问岂以他求，不过欲明此理，而力行之耳。"[2] "故圣贤教人，必以穷理为先，而力行以终之。"[3] 在知与行的关系上，朱熹既反对知而不行，又反对不知而行，盲目实践。在道德教育的过程中，他强调知行统一，把"知"看作是"行"的前提，"行"是"知"的目的和检验标准，注重身体力行，反对言行脱节。

此外，朱熹还非常强调修养时应该"亲师乐友""以友辅仁"，重视导师和朋友在道德养成中的作用。

二、《四书集注》

朱熹的经学思想由其"四书"学、《易》学、《诗经》学、《尚书》学、《礼》

---

[1] 王炳照，阎国华.中国教育思想通史[M].第三卷.长沙：湖南教育出版社，1994.265.

[2] 朱杰人，严佐之，刘永翔.《朱子全书》[M].第二十三册，《朱文公文集（肆）·卷五十四》.上海：上海古籍出版社，合肥：安徽教育出版社，2002.2566.

[3] 朱杰人，严佐之，刘永翔.《朱子全书》[M].第二十三册，《朱文公文集（肆）·卷五十四》.上海：上海古籍出版社，合肥：安徽教育出版社，2002.2567.

学、《春秋》学、《孝经》学等部分组成，其中以"四书"义理之学最重要。[1]

（一）《四书集注》成书背景

"四书"指《大学》《中庸》《论语》《孟子》这四部书。其中，《论语》《孟子》分别是孔子、孟子及其学生的言论集，《大学》《中庸》则是取自《礼记》中的两篇。儒家经典在先秦时期并没有取得一统地位，只是百家文化之一。汉之后，这四部书才逐渐获得"四书"地位。

首先，《论语》获得了学术地位和政治地位。汉武帝时，儒家经典受到空前重视。在推动儒家思想发展上，董仲舒等大儒研习传播儒家思想；在政治思想上，董仲舒等提出"罢黜百家、独尊儒术"的主张并被采纳。随着儒家思想在学术和政治上地位的提升，孔子由凡入圣，孔子及其主要弟子言行的《论语》也就最早获得了在学术和政治上的地位。在汉代，由于汉儒的重视，《论语》已为专门之学，《汉书·艺文志》[2]把《论语》列为六艺[3]类。唐朝时，唐太宗命孔颖达等人正定五经《诗经》《尚书》《礼记》《周易》和《春秋》，后又以《易》《书》《诗》、三《礼》、三《传》，合为九经，用以设科取士，且以《论语》《孝经》为兼经，作为科举考试科目之一。

其次，《孟子》也逐渐获得学术地位和官方承认。在汉代，虽然有的学者追崇《孟子》，并尊奉孟子为"亚圣"，但是，《孟子》未得到官方承认。《汉书·艺文志》把《孟子》列为诸子类，没有获得六经传记的资格；没有"孔孟"并称，孟子也没有获得配享孔庙的资格。唐太宗命孔颖达等人正定"五经"和后来的

---

[1] 蔡方鹿.朱熹理学与经济[J].四川师范大学学报（社会科学版），2006，(2)：14.

[2] 《汉书·艺文志》有六略：六艺略、诸子略、诗赋略、兵书略、数术略、方技略。

[3] 《汉书·艺文志》中载："六艺之文，《乐》以和神，仁之表也。《诗》以正言，义之用也。《礼》以明体，明者著见，故无训也。《书》以广听，知之术也。《春秋》以断事，信之符也。五者，盖五常之道，相须而备，而《易》为之原。故曰，'《易》不可见，则乾坤或几乎息矣。'言与天地为终始也。"后世称这些艺类型为经类。

"九经"中,《孟子》一书也无人提及。直到唐后期,《孟子》由于韩愈等人的提倡和研究而受到关注。及至北宋庆历前后,形成了"尊孟"的思潮。先是理学先驱者如欧阳修、范仲淹及宋初三先生[1]中的孙复、石介等人尊奉孟子,之后二程、王安石等人也大力尊孟,并在王安石的教育改革中首次将《孟子》作为经列入科举考试的科目。

《大学》与《中庸》分别是《礼记》中的二篇。它们在当时的影响也非常有限,《汉书·艺文志》只著录《中庸说》二篇。隋唐之际,随着《礼记》上升为儒家经典,《礼记》中的《大学》和《中庸》的地位进一步提高。唐代韩愈和李翱对《中庸》和《大学》的思想也给予了充分重视,如李翱的《复性书》将此二篇的部分观点加以融合、发挥,建构了一个较为完整的思想体系。二程沿着这个方向,尊奉《中庸》,并把《大学》与《论语》《孟子》并提。

北宋诸多学者研究"四书",其中王安石通过自身对"四书"的重新诠释,在科举考试中提高"四书"的地位,可以说"四书"学已有更重于"五经"学的趋势,儒家经学的重心从"五经"学转向"四书"学。[2]王安石尊崇《论语》《孟子》和《礼记》,但并没有把《中庸》和《大学》单独提升为专经的地位,此时"四书"学从学理上并没有被系统的学理化研究,也没有成为一个完整的学术体系。这一过程主要由理学家完成。

二程大力表彰《大学》《中庸》,一方面凸显《中庸》的地位,说《中庸》是"孔门传授心法";另一方面突出《大学》的地位,着手重新编定《大学》的章次,以提供一部新的《大学》全释文本。二程进一步认为"四书"构成了一完整的儒家心性论体系,这个"四书"的内在结构是:《中庸》是讲"理"的《大学》是入德之门,《论语》《孟子》彰显孔孟之道。

---

[1]　指胡瑗、孙复、石介。

[2]　束景南,王晓华.四书升格运动与朱代四书学的兴起[J].历史研究,2007,(5):90.

由于二程对"四书"的表彰与宣扬，"四书"逐渐成为显学。二程后学继承了二程的"四书"学，纷纷撰写"四书"研究的著作。至宋室南渡以后，各大学派都借"四书"构建自己的思想体系。而真正作为"四书"学之集大成者，则是朱熹。

朱熹早年就对北宋和南宋初期儒学关于《论语》《孟子》的解释做过整理和编辑，在他四十多岁时写成了"四书"注释的初稿，此后一直不断修改。朱熹在晚年守漳州的任上把"四书"合刊为一。他对《论语》《孟子》注释称为《集注》，对《大学》《中庸》的注释称为《章句》，所以后来统称《四书章句集注》，简称《四书集注》。

（二）《四书集注》内容介绍

《四书集注》内容分为《大学章句》（1卷）、《中庸章句》（1卷）、《论语集注》（10卷）以及《孟子集注》（14卷）。朱熹首次将《礼记》中的《大学》《中庸》与《论语》《孟子》并列，认为《大学》中"经"的部分是"孔子之言而曾子述之"，"传"的部分是"曾子之意而门人记之"；《中庸》是"孔门传授心法"而由"子思笔之于书以授孟子"。四者上下连贯传承而为一体。《大学》《中庸》中的注释称为"章句"，《论语》《孟子》中的注释集合了众人说法，称为"集注"。

《四书集注》是集朱熹一生精力完成的。漫长曲折的编撰和修订过程，正是朱熹理学思想从形成、发展到完善的过程。朱熹对"四书"的整理和注释，有继承，也有发展，传统与新思想之间的关系十分隐晦和微妙。朱熹推测和确认《大学》《中庸》的作者，选择"四书"汇编在一起，目的是组成孔子、曾子、子思、孟子的道统传承体系，表明自己的道统观。朱熹对《大学》《中庸》的分章，既体现了其整理古籍的成就，也隐藏了其理学思想的内涵，特别是对古本《大学》的调序、增删和考辨，更是主观与客观杂糅的结果。此外，重点分析"四书”的朱熹注释，可以看出其中存在着非常系统的理学思想。[1]

对于阅读"四书"的次序和要求，朱熹的《朱子语类》中有一段话说得很明白："某要人先读《大学》，以定其规模，次读《论语》，以立其根本。次读《孟子》，以观其发越。次读《中庸》，以求古人之微妙处。《大学》一篇，有等级次第，总作一处易晓，宜先看。《论语》却实，但言语散见，初亦难看。《孟子》有感激兴发人心处。《中庸》亦难读，看三书后，方宜读之。"意思是读"四书"应先读《大学》，次读《论语》，然后读《孟子》，最后读《中庸》，这个次序既考虑到"四书"之间的有机联系，又考虑到"四书"理解上的难易程度。所谓"定其规模"就是定下三纲领、八条目的修己治人的思想规模；"立其根本"就是打下儒学的理论基础，"观其发越"就是对理解儒家学说的进一步发挥；"求古人之微妙处"就是探索古圣人"微妙而难见"的道心。

（三）《四书集注》节选及教育思想分析

在《四书集注》中，朱熹通过对"四书"作的序和内容的注释，表达了他的思想主张。

1. 《大学章句》解读

在《四书集注》中，朱熹把《大学章句》排在第一位，可见朱熹对此注解的重视——视《大学》为"四书"之首。《大学》是"四书"中篇幅最短的一篇，但是它却在儒家经典体系中分量举足轻重。

二程认为："大学，孔氏之遗书，而初学入德之门也。于今可见古人为学次第者，独赖此篇之存，而论、孟次之。学者必由是而学焉，则庶乎其不差矣。"

《四书集注》将《大学》排在首位，《中庸》次之，之后才是《论语》《孟子》。这样的编排次序，也颇具深意。在朱熹看来，《大学》是"初学入德之门"，初

---

[1]　顾欲艺.《四书章句集注》研究[J].中国典籍与文化，2003，(3)：50.

学者应先学《大学》，然后再学其他。《大学章句》内容丰富，有格物、致知、诚意、正心、修身、齐家、治国、平天下"八条目"，是理学之伦理、政治、哲学的基本纲领，包含了理学的主要内容，所以朱熹特别看重它。朱熹把《大学》视为为学的"纲领"，他说："先通《大学》，立定纲领，其它经皆杂说在里许。通得《大学》了，去看他经，方见得此是格物致知事，此是正心诚意事，此是修身事，此是齐家、治国、平天下事。"

以下对《大学章句》中的重要内容节选，进行分析解读。

（1）《大学章句序》

《大学章句序》是朱熹在《大学章句》这部书前面加的一篇序言，具有非常重要的教育价值 [1]。原文如下：

大学之书，古之大学所以教人之法也。盖自天降生民，则既莫不与之以仁义礼智之性矣。然其气质之禀或不能齐，是以不能皆有以知其性之所有而全之也。一有聪明睿智能尽其性者出于其间，则天必命之以为亿兆之君师，使之治而教之，以复其性。此伏羲、神农、黄帝、尧、舜所以继天立极，而司徒之职、典乐之官所由设也。

三代之隆，其法寝备，然后王宫、国都以及闾巷，莫不有学。人生八岁，则自王公以下，至于庶人之子弟，皆入小学，而教之以洒扫、应对、进退之节，礼乐、射御、书数之文；及其十有五年，则自天子之元子、众子，以至公、卿、大夫、元士之适子，与凡民之俊秀，皆入大学，而教之以穷理、正心、修己、治人之道。此又学校之教、大小之节所以分也。

夫以学校之设，其广如此，教之之术，其次第节目之详又如此，而其所以为教，则又皆本之人君躬行心得之余，不待求之民生日用彝伦之外，是以当

---

[1] 朱杰人，严佐之，刘永翔.《朱子全书》[M].第六册，《四书章句集注·大学章句序》.上海：上海古籍出版社，合肥：安徽教育出版社，2002.13—14.

世之人无不学。其学焉者，无不有以知其性分之所固有，职分之所当为，而各俛焉以尽其力。此古昔盛时所以治隆于上，俗美于下，而非后世之所能及也！

及周之衰，贤圣之君不作，学校之政不修，教化陵夷，风俗颓败。时则有若孔子之圣，而不得君师之位以行其政教，于是独取先王之法，诵而传之以诏后世。若《曲礼》《少仪》《内则》《弟子职》诸篇，固小学之支流余裔。而此篇者，则因小学之成功，以著大学之明法，外有以极其规模之大，而内有以尽其节目之详者也。三千之徒，盖莫不闻其说，而曾氏之传独得其宗，于是作为传义，以发其意。及孟子没而其传泯焉，则其书虽存，而知者鲜矣！

自是以来，俗儒记诵词章之习，其功倍于小学而无用；异端虚无寂灭之教，其高过于大学而无实。其他权谋术数，一切以就功名之说，与夫百家众技之流，所以惑世诬民、充塞仁义者，又纷然杂出乎其间。使其君子不幸而不得闻大道之要，其小人不幸而不得蒙至治之泽，晦盲否塞，反复沉痼，以及五季之衰，而坏乱极矣！

天运循环，无往不复。宋德隆盛，治教休明。于是河南程氏两夫子出，而有以接乎孟氏之传。实始尊信此篇而表章之，既又为之次其简编，发其归趣，然后古者大学教人之法、圣经贤传之指，粲然复明于世。虽以熹之不敏，亦幸私淑而与有闻焉。顾其为书犹颇放失，是以忘其固陋，采而辑之，间亦窃附己意，补其阙略，以俟后之君子。极知僭逾，无所逃罪，然于国家化民成俗之意、学者修己治人之方，则未必无小补云。

《大学章句序》是《大学章句》的要领，也是朱子学的重要文献之一。此文写于朱熹60岁时，是在朱熹整个思想成熟定型之后，也是在他《大学章句》初稿完成十九年之后，所以这篇文字颇能代表他的主要思想。

在《大学章句序》中，朱熹总结了南宋以前的教育概况，简洁地勾勒出儒家教育思想的传承概略。对三代时期教育的推崇也体现了朱熹自己的教育主张。朱熹认为，三代时期的辉煌得益于相对普及的教育，"三代之隆，其法寖备，然后王宫、国都以及闾巷，莫不有学。"而好的教育应该不脱离人的日常生活，因而，在教育内容上，小学"教之以洒扫、应对、进退之节，礼、乐、射、御、书、数之文"，大学"教之以穷理、正心、修己、治人之道"。

对于三代时期小学和大学教育阶段及教育内容的褒奖也体现出朱熹的教育取向。小学阶段应该形成良好的行为习惯，了解和遵守儒家的传统道德准则。在日常生活中，在洒扫进退间养成修养。朱熹很看重小学阶段养成行为和品德习惯的重要性，他自己也专门写了《小学》，对童蒙阶段教育进行深入阐释。此部分后文详述。

在这篇序中，朱熹勾勒了儒学的正统传承线索，其中主要是以五个人物，即孔子、曾参、孟子、程颢、程颐，确立了儒学的道统。

在对历史经验做了简要回顾之后，朱熹说明了自己编写《大学章句》这部书的目的，表达了自己为了"国家化民成俗"和"学者修己治人"的社会责任感和"补其阙略，以俟后之君子"的历史使命感。从宋代以后的儒学发展史来看，这部书确实发挥了极其重要的传承作用。

（2）大学"三纲领"

"大学之道，在明明德，在亲民，在止于至善。"[1]

《大学》之道，在明明德，在亲民，在止于至善。程子曰："亲，当作新。"大学者，大人之学也。明，明之也。明德者，人之所得乎天，而虚灵不昧，以具众理而应万事者也。但为气禀所拘，人欲所蔽，则有时而昏；然其本体之明，则有未尝息者。故学者当因其所发而遂明之，以复其初也。新者，革其旧之谓也，言既自明其明德，又当推己及人，使之亦有以去其旧染之污也。止者，必至于

---

[1] 朱杰人，严佐之，刘永翔.《朱子全书》[M].第六册，《四书章句集注·大学章句》.上海：上海古籍出版社，合肥：安徽教育出版社，2002.16.

是而不迁之意。至善，则事理当然之极也。言明明德、新民，皆当至于至善之地而不迁。盖必其有以尽夫天理之极，而无一毫人欲之私也。此三者，大学之纲领也。[1]

朱熹认为，大学教育的纲领就是要：明明德，亲民，止于至善。明德是任何人都禀受于天，至灵而不污染的本性，它能够与天地相沟通。"明明德"是把人天生的善——"明德"发扬光大，这是每个人为学做人的第一步。朱子的解释是把明明德解说为复其本心之明，这一把"明明德"加以心性化的诠释，构成了他的整个《大学》解释的基础，也是理学的《大学》诠释的基本特点。[2]

个人的完善从来不是儒家的目标，他们要求凡事都须由己及人，把个人自身的善转化为他人，尤其是民众的善，于是高一步的目标是"亲民"。朱熹认为，"亲民"应改作"新民"，解释为推己及人，使人们去其"旧染之污"，也臻于善的境界。新民意味着还要使人民都能够去其本心的染污而明其明德。其具体意义当是指教化民众，使人民能够去自新自明。

"止于至善"是指明明德和新民应该达到的目的和境界，"至善，则事理当然之极也"，指出至善是根本的价值原则，由于用"事理当然"解释善，使得朱子得以把"理"和"天理"的观念引入其中，把"天理——人欲"的对比引入对"止于至善"的界定和解释，从而止于至善就是最充分地实现天理，最完全地去除人欲。[3]

从"明明德"到"亲民"到"止于至善"，是一个层次由低到高、内涵由简单到复杂、活动由自身到他人以至社会群体的过程，表现了很高的道德要求、较强的逻辑性、易解性和可行性：人的"止于至善"需要"明明德"和"亲民"做基础，而唯有"止于至善""亲民"和"明明德"才能真正得到实现。这三

---

[1] 陈来.论朱熹《大学章句》的解释特点[J].文史哲，2007，(2)：106.

[2] 陈来.论朱熹《大学章句》的解释特点[J].文史哲，2007，(2)：106.

[3] 陈来.论朱熹《大学章句》的解释特点[J].文史哲，2007，(2)：106.

条纲领是层层递进、浑然一体的整体要求。

（3）大学"八条目"

"古之欲明明德于天下者，先治其国。欲治其国者，先齐其家，欲齐其家者，先修其身。欲修其身者，先正其心。欲正其心者，先诚其意。欲诚其意者，先致其知。致知在格物。物格而后知至，知至而后意诚，意诚而后心正，心正而后身修，身修而后家齐，家齐而后国治，国治而后天下平。"（《大学》）[1]

朱熹的解释为：

明明德于天下者，使天下之人皆有以明其明德也。心者，身之所主也。诚，实也。意者，心之所发也。实其心之所发，欲其一于善而无自欺也。致，推极也。知，犹识也。推极吾之知识，欲其所知无不尽也。格，至也。物，犹事也。穷至事物之理，欲其极处无不到也。此八者，大学之条目也。物格而后知至，知至而后意诚，意诚而后心正，心正而后身修，身修而后家齐，家齐而后国治，国治而后天下平。治，去声。后放此。物格者，物理之极处无不到也。知至者，吾心之所知无不尽也。知既尽，则意可得而实矣。意既实，则心可得而正矣。"修身"以上，明明德之事也。"齐家"以下，新民之事也。物格知至，则知所止矣。"意诚"以下，则皆得所止之序也。[2]

朱熹《大学章句》把格物、致知、诚意、正心、修身、齐家、治国、平天下视为大学的"八条目"，是实现"三纲领"的具体步骤与途径，这实际上已把道德教育过程视为知、情、意、行的有机结合，把《大学》道德教育过程视为"明明德"修己之事和"亲民"对人之事的对立统一。对于八条目的解释，朱熹重点放在格物、致知、诚意、正心上，这也开启了理学传统中注重内圣而非外王的理性传统。

[1] 朱杰人，严佐之，刘永翔.《朱子全书》[M].第六册，《四书章句集注·大学章句》上海：上海古籍出版社，合肥：安徽教育出版社，2002.17.
[2] 朱熹.四书章句集注[M].北京：中华书局，1983.3-4.

格物，朱熹认为："格，至也；物，犹事也。"格物的意思是"穷至事物之理，欲其极处无不到也"。朱熹的"格物"论是沿习了二程关于"格物致知"的看法，朱熹曾说："此一书之间要紧只在格物两字上认得"，"本领全只在这两字上。"[1] 可见"格物"之重要。

在朱熹看来，"格物"之"格"有二层意思，一层认为"格"为"至"。"格物"便是"至于物"，也就是达到极至。这里"格物"要达到至物其极，而且至物其极就能够"知至"。二层认为"格"为"尽"。"要见尽十分方是格物，既见尽十分便是知止。"[2] 以"格"为"尽"，则"格物"就是"知尽"，而"知尽"便是"理穷"。因而，"格物"向与"穷理"并称。朱熹沿习二程的说法，把"格物"之"物"训为"事"。"事"不仅指事体，也指事情，因而"物"的概念就十分宽泛。所谓"盖天下之事，皆谓之物"，"眼前凡所应接的都是物"。[3]

致知，朱熹释曰："致，推极也；知，犹识也。推极吾之知识，欲其所知无不尽也。"致知不仅是得到知识，而是自己的知识丰满到与所有的客观事物相匹配。

诚意，"诚，实也；意者，心之所发也。"朱熹对诚意的解释侧重一个"实"字，要达到"实"，就要不自欺，要真实地面对自己的内心。要做到诚实，日常修养中要"慎独"，人前人后都保持一致，使品行内化为自我的行为和思想。并且对某事物的认识要达到诚意的境界，不是源自空想，而是在格物致知后，也就是真正了解相信后才能真正使知识内化。

正心，朱熹解释为："所谓修身在正其身，身有所愤身有所忿懥，则不得

---

[1] 朱杰人，严佐之，刘永翔.《朱子全书》[M].第十四册,《朱子语类(壹)·卷十四》.上海:上海古籍出版社,合肥:安徽教育出版社,2002.426.

[2] 朱杰人，严佐之，刘永翔.《朱子全书》[M].第十四册,《朱子语类(壹)·卷十五》.上海:上海古籍出版社,合肥:安徽教育出版社,2002.475.

[3] 朱杰人，严佐之，刘永翔.《朱子全书》[M].第十四册,《朱子语类(壹)·卷十五》.上海:上海古籍出版社,合肥:安徽教育出版社,2002.461.

其正，有所恐惧，则不得其正，有所好乐，则不得其正，有所忧患，则不得其正。心不在焉，视而不见，听而不闻，食而不知其味。"愤怒、恐惧、好恶、忧患是人生在世所不能摆脱的情感体验，但一味任情感走向偏激，则丧失了心求善的本能要求。

在朱熹看来，做到了格物、致知、诚意、正心，修身、齐家、治国、平天下是水到渠成的结果，相反，如果不能认知天理，接近事物的本相，克制自己的私欲，在治家和从政中就更容易产生偏差，走向私欲。在朱子的《大学》解释的功夫论中，一方面，格物和诚意居于核心的地位；另一方面，为学次序的关注成为朱子基本的问题意识。简言之，人的为学，必须遵照《大学》以格物为起点的顺序，一切功夫以存天理、去私欲的道德修养为中心。[1]

2. 《中庸章句》解读

《中庸》一般认为是子思所作，原本只是单篇的论文，在其问世之初并未得到重视，当其载于《礼记》时，也没有受到特别的关注。到了唐代，韩愈、李翱为维护道统而推崇《中庸》，在宋代，理学家们纷纷重视对《中庸》的研究。理学开山祖周敦颐的代表作《通书》中提到的理学的重要哲学范畴"诚"就是主要在《中庸》《大学》中提出的。他认为"诚"是至善，是圣人的根本，是人的最高境界，也是天地万物的本原。二程更加提高了《中庸》的地位，认为《中庸》是"孔门传授心法"，是讲"理"的，周敦颐的"至善"，到了二程手里就成为"天理"或"仁"。"天理"就是"道义"，是人区别于动物所特有的道德伦理范畴。朱熹传承了理学对《中庸》解释的传统，又对之做了进一步发展。

（1）《中庸章句序》

《中庸章句》的体裁和《大学章句》相同，与《大学章句序》一样，《中庸

[1] 陈来. 论朱熹《大学章句》的解释特点[J]. 文史哲，2007，（2）：103.

章句序》也是朱子学的重要文献。序文[1]为：

　　《中庸》何为而作也？子思子忧道学之失其传而作也。盖自上古圣神继天立极，而道统之传有自来矣。其见于经，则"允执厥中"者，尧之所以授舜也；"人心惟危，道心惟微，惟精惟一，允执厥中"者，舜之所以授禹也。尧之一言，至矣，尽矣！而舜复益之以三言者，则所以明夫尧之一言，必如是而后可庶几也。

　　盖尝论之：心之虚灵知觉，一而已矣，而以为有人心、道心之异者，则以其或生于形气之私，或原于性命之正，而所以为知觉者不同，是以或危殆而不安，或微妙而难见耳。然人莫不有是形，故虽上智不能无人心，亦莫不有是性，故虽下愚不能无道心。二者杂于方寸之间，而不知所以治之，则危者愈危，微者愈微，而天理之公卒无以胜夫人欲之私矣。精则察夫二者之间而不杂也，一则守其本心之正而不离也。从事于斯，无少间断，必使道心常为一身之主，而人心每听命焉，则危者安、微者著，而动静云为自无过不及之差矣。

　　夫尧、舜、禹，天下之大圣也。以天下相传，天下之大事也。以天下之大圣，行天下之大事，而其授受之际，丁宁告戒，不过如此。则天下之理，岂有以加于此哉？自是以来，圣圣相承：若成汤、文、武之为君，皋陶、伊、傅、周、召之为臣，既皆以此而接夫道统之传，若吾夫子，则虽不得其位，而所以继往圣、开来学，其功反有贤于尧、舜者。然当是时，见而知之者，惟颜氏、曾氏之传得其宗。及曾氏之再传，而复得夫子之孙子思，则去圣远而异端起矣。

　　子思惧夫愈久而愈失其真也。于是推本尧、舜以来相传之意，质以平日所闻父师之言，更互演绎，作为此书，以诏后之学者。盖其忧之也深，故其言之也切；其虑之也远，故其说之也详。其曰"天命率性"，则道心之谓也；其曰"择善固执"，则精一之谓也；其曰"君子时中"，则执中之谓也。世之相后，千有余年，

[1]　朱杰人，严佐之，刘永翔.《朱子全书》[M].第六册，《四书章句集注·中庸章句序》.上海：上海古籍出版社，合肥：安徽教育出版社，2002.29—31.

而其言之不异，如合符节。历选前圣之书，所以提挈纲维、开示蕴奥，未有若是之明且尽者也。

自是而又再传以得孟氏，为能推明是书，以承先圣之统，及其没而遂失其传焉。则吾道之所寄不越乎言语文字之间，而异端之说日新月盛，以至于老、佛之徒出，则弥近理而大乱真矣。然而尚幸此书之不泯，故程夫子兄弟者出，得有所考，以续夫千载不传之绪；得有所据，以斥夫二家似是之非。盖子思之功于是为大，而微程夫子，则亦莫能因其语而得其心也。惜乎！其所以为说者不传，而凡石氏之所辑录，仅出于其门人之所记，是以大义虽明，而微言未析。至其门人所自为说，则虽颇详尽而多所发明，然倍其师说而淫于老、佛者，亦有之矣。

熹自蚤岁即尝受读而窃疑之，沉潜反复，盖亦有年，一旦恍然似有以得其要领者，然后乃敢会众说而折其中，既为定著章句一篇，以竢后之君子。而一二同志复取石氏书，删其繁乱，名以辑略，且记所尝论辩取舍之意，别为或问，以附其后。然后此书之旨，支分节解、脉络贯通、详略相因、巨细毕举，而凡诸说之同异得失，亦得以曲畅旁通，而各极其趣。虽于道统之传，不敢妄议，然初学之士，或有取焉，则亦庶乎行远升高之一助云尔。

与《大学章句序》一样，这篇序文也是写于朱子60岁时，可以代表他晚年成熟的思想。在这篇序文中，朱熹强调了一个重要的概念，即道统与道学。程朱理学在宋代时被称为道学，程朱学派的学者也一直以自己的学说为道统自居，并以维护道统为己任。道统是道的传承谱系，道学是道的传承内容。道统谱系的建立也就是儒学正统的建立。

关于儒学道统的谱系，由唐至宋，已有不少类似的说法，李翱、孙复、石介、伊川等都对儒学的正统进行过谱系建设。但朱子首次使用"道统"的概念，而且把"人心惟危，道心惟微，惟精惟一，允执厥中"作为古圣相传的道学的内容。《中庸章句》的重要内容也就是对理学道心、人心说的阐明。

朱子认为,尧、舜、禹三代是以"允执其中"的传承而形成道统的。"允执其中"即"人心惟危,道心惟微,惟精惟一,允执厥中"。三代以后,历经汤、文王、武王、皋陶、伊尹、傅说、周公、召公,传至孔子;孔子"继往圣",即继承了尧、舜至周、召"圣圣相承"的这个道统;孔子以后,则有颜子、曾子,再传至子思,子思即是《中庸》的作者。孟子是子思的再传弟子,亦能"承先圣之统",即承继了此一古圣相传的道统。这就是朱子所肯认的道统早期相传的谱系。而道统相传的内容,就是以"允执其中"为核心的思想,这就是道学。朱子认为《中庸》便是子思对这一道学思想的发挥和展开。[1]

朱子认为,《中庸》所说与尧、舜、禹相传,若合符节,高度一致,《中庸》里面讲的"天命率性"就是道心,"择善固执"就是精一,"君子时中"就是执中,而孟子的思想则继承和发扬了《中庸》的思想,继承了先圣以来相传的道统。在孟子之后,道统中断了,道学没有再传承下去。北宋以来的理学之所以称为道学,也是因为他们一开始就以接续孟子以后中断了的道统自命。朱子甚至认为,二程得孟子之后的不传之学,主要是依据和有赖于对《中庸》的考究。他还指出,《中庸》在宋代以来的道学中具有与佛、老抗衡的理论作用。[2] 所以,《中庸》在理学思想体系中具有确立自己道统身份的重要地位。

（2）"中""庸"

朱子首先定义"中庸",他在篇首辨其名义曰:

中者,不偏不倚、无过不及之名。庸,平常也。程子曰:不偏之谓中,不易之谓庸。中者,天下之正道,庸者,天下之定理。此篇乃孔门传授心法,子思恐其久而差也,故笔之于书,以授孟子。其书始言一理,中散为万事,末复合为一理,放之则弥六合,卷之则退藏于密,其味无穷,皆实学也。善读者

---

[1]　陈来.朱熹《中庸章句》及其儒学思想[J].中国文化研究,2007夏之卷:3.

[2]　陈来.朱熹《中庸章句》及其儒学思想[J].中国文化研究,2007夏之卷:4.

玩索而有得焉，则终身用之，有不能尽者矣。[1]

朱熹认为《中庸》"忧深言切，虑远说详"，"历选前圣之书，所以提挈纲维，开示蕴奥，未有若是之明且尽者也"。[2]并且在《中庸章句》的开头引用程颐的话，特别强调《中庸》是"孔门传授心法"的著作，"放之则弥六合，卷之则退藏于密"，其味无穷，都是实用的学问。善于阅读的人只要仔细玩味，便可以终身受用不尽。

朱熹首先分别定义"中""庸"，他在开篇辨其名义曰：中者，不偏不倚、无过不及之名。庸，平常也。

朱熹开篇所引"程子曰"，是杂引《遗书》《外书》中二程论及中庸的话，如："不偏之谓中，不易之谓庸。中者，天下之正道，庸者，天下之定理。"出自《遗书》卷七；"中庸乃孔门传授心法"，见于《外书》十一；"《中庸》始言一理，中散为万事，末复合为一理"，出自《遗书》十四；"《中庸》之书，其味无穷"见于《遗书》十八。"善读《中庸》者，只得此一卷书，终身用不尽也。"见于《遗书》十七。朱熹十分重视以上论述中关于"中"和"庸"的解释，但同时也吸收了二程门人如吕大临的说法。如中字，吕氏以"盖中之谓义，无过不及而立名"。朱熹便吸收其说。所以朱熹对中的解释，结合了二程的"不偏不倚"说和吕大临的"无过不及"说。

而庸字，二程解释为"不易之谓庸""庸者天下之定理"，但朱熹却解释为："庸，平常也。"朱子在《中庸或问》里对此做了说明："庸字之义，程子以不易言之，而子以为平常，何也？曰：惟其平常，故可常而不可易。若惊世骇俗之事，则可暂而不得为常矣。"

[1] 朱杰人，严佐之，刘永翔.《朱子全书》[M].第六册，《四书章句集注·中庸章句》.上海：上海古籍出版社，合肥：安徽教育出版社，2002.32.

[2] 朱杰人，严佐之，刘永翔.《朱子全书》[M].第六册，《四书章句集注·中庸章句序》.上海：上海古籍出版社，合肥：安徽教育出版社，2002.30.

朱熹强调庸的平常义，除了顾及训诂的根据外，主要是认为平常的东西才是能在实践中长久的，诡异晦涩的东西是很难长久存在的，强调道理不能离开人伦日用，也隐含了对佛教离开人伦日用去追求高明境界的批评。[1] 自朱熹以后，"中庸"一般释义为不偏不奇，无过不及，平常不易。

三、《近思录》

《近思录》由朱熹和吕祖谦合编，精选了北宋四子周敦颐、二程和张载的语录共 622 条。虽然《近思录》是四子语录，但在编撰过程中体现了朱熹思想对四子的传承，在教育传播过程中，此书成为朱熹教育思想的重要代表。《近思录》面世后，随着理学地位的上升，这本书成为中国文人士大夫的一部必读书。元明清各代儒士，大多熟读《近思录》，"莫不服膺是书"（《四库全书总目提要》）。国学大师钱穆先生也曾指出，中国古代有关人生修养的必读书是《论语》《孟子》《老子》《庄子》《六祖坛经》《近思录》和《传习录》这七部书。

（一）《近思录》成文背景

《近思录》为朱熹和吕祖谦合编。吕祖谦（1137—1181 年），字伯恭，号东莱，浙江金华人。南宋著名理学家，曾任著作郎兼国史编修官。吕祖谦在当时与朱熹、张栻齐名，被尊为"东南三贤"。淳熙二年（1175 年）初夏，吕祖谦从浙江金华来到福建建阳，与朱熹会晤，并在朱熹居住讲学的"寒泉精舍"与朱熹共同研读周敦颐、二程、张载的书，深感北宋四子思想学说"广大闳博，若无津涯"。出于对初学者不知所入的考虑，二人于是决定掇录四子论要，着手编撰《近思录》一书。

---

[1] 陈来.朱熹《中庸章句》及其儒学思想[J].中国文化研究，2007夏之卷.4.

这一编写目的在朱熹所作的《近思录前引》中说得很明确："惧夫初学者不知所入也，因共掇取其关于大体而切于日用者，以为此编。总六百二十二条，分十四卷。盖凡学者所以求端用力，处己治人，与夫所以辨异端、观圣贤之大略，皆粗见其梗概。……诚得此而玩心焉，亦足以得其门而入矣。如此，然后求诸四君子之全书，沉潜反复，优柔厌饫，以致其博而反其约焉，则其宗庙之美，百官之富，庶乎其有以尽得之。"[1]吕祖谦在《跋》中也说："《近思录》既成，或疑首卷阴阳变化性命之说，大氐非始学者之事。祖谦窃尝与闻次辑之意。后出晚进，于义理之本原，虽未容骤语，苟茫然不知其梗概，则亦何所底止。列之篇端，特使之知其名义，有所向望而已。至于余卷所载讲学之方、日用躬行之实，具有科级。循是而进，自卑升高，自近及远，庶几不失纂集之旨。"[2]朱熹和吕祖谦分别阐述编纂此书的目的、经过和意图。朱熹和吕祖谦共同编订《近思录》历时三年之久，为此，朱、吕二人曾两次会晤，并多次往来信札，彼此参详，斟酌编排。因此，虽策划编订《近思录》是在淳熙二年（1175 年），而成书却于淳熙五年（1178 年）之后。

（二）《近思录》梗概内容

《近思录》不仅是一部重要的理学学术著作，而且是一部重要的理学教育的基础著作，是传授理学思想的启蒙读物。朱熹曾明确地说："'四子'，'五经'之阶梯；《近思录》，'四子'之阶梯。"《近思录》全书 14 卷，其体系结构为：一、道体；二、为学大要；三、格物穷理；四、存养；五、改过迁善，克己复礼；六、齐家之道；七、出处、进退、辞受之义；八、治国平天下之道；九、制度；

---

[1]　朱杰人，严佐之，刘永翔.《朱子全书》[M].第十三册，《近思录》.上海：上海古籍出版社，合肥：安徽教育出版社，2002.163.

[2]　朱杰人，严佐之，刘永翔.《朱子全书》[M].第十三册，《近思录》.上海：上海古籍出版社，合肥：安徽教育出版社，2002.165.

十、君子处事之方；十一、教学之道；十二、改过及人心疵病；十三、异端之学；十四、圣贤气象。

朱熹和吕祖谦二人通过对北宋四子言论的选择、编写体例的安排和全书的整体结构，来体现其思想意图，体现理学教育思想的基本精神。既表现了其理学教育思想的学术渊源，又增强了其理学教育主张的权威性。

儒家教学传统中一直讲究因材施教，循序而进，不躐等，不陵节。理学教育尤其注重学习和教学的循序渐进，这种思想直接体现在理学家倡导的读书方法和教材编纂上。《近思录》作为朱熹和吕祖谦亲自编写的理学入门教材，更是突出地体现了为学讲究"次第"的教育思想。后人叶采和茅星来的注本把各卷标题整齐简化，并概括出了本卷大旨，简明扼要地说明本卷的主要内容和编纂意图。其中尤以叶采的概括最为精炼。下面通过整合叶采所作的各卷要旨[1]和今人王炳照先生对各卷内容的阐述可以梳理《近思录》编纂过程中体现的为学立本明志，学习由易至难、内圣外王的清楚路径。

1. 道体

第一卷道体，是理学的基础理论篇。"此卷论性之本原，道之体统，盖学问之纲领也。"卷一包括北宋四子关于从宇宙观至人生观的基本思想脉络，简要概述了太极、理、气、心、性、仁等基本范畴和"理一分殊"的理论命题。在全书定稿之前，朱熹曾为"道体"论部分安置于何处，反复斟酌。就书的各部分如何安排而言，一般会从各部分的内在逻辑、相对重要性和难易程度进行考虑。考虑学习者的学习顺序，为学习者更容易接受和理解，学习内容安排应该先易后难，由事及理。"道体"是《近思录》中非常难的部分。如果将"道体"置于卷首，显然不符合学习者的学习顺序，会给学者学习造成一定困难。如果从理学思想的理论体系和各卷重要性考虑，为了体现伦理本体的至高无上

[1] 张京华.朱子《近思录》指略[J].吉首大学学报（社会科学版），2005，(3).103.

的地位，应该将"道体"置于卷首。这样，从为学学习顺序考虑和从理学的理论体系和各卷重要性考虑就存在一定矛盾。经过与吕祖谦反复讨论，最后仍决定置于卷首，目的是使学者"有所向望"。朱熹在给吕祖谦的信（《答吕伯恭》）中说："《近思录》，近令抄作册子，亦自可观。但向时嫌其太高，去却数段（如太极及明道论性者），今天似不可无。"并且指出："看《近思录》，若第一卷未晓得，且从第二、第三卷看起，久之后看第一卷，则渐晓得。"

2. 为学

第二卷为学大要，搜集整理了北宋四子总论为学的言论。首先论圣人，即教育的终极目标。接着论为学大要，特别突出地强调了"为学"的实质，在于"自我修养"。这一卷相当于《大学》的"三纲领"，体现了理学教育的基本原理。

3. 格物穷理、存养、改过迁善、克己复礼

叶采注本把第三至第五卷简化为：卷三致知：此卷论致知。知之至，而后有以行之，自首段至二十二段，总论致知之方。然致知莫大于读书，二十三段至三十三段，总论读书之法。三十四段以后，乃分论读书之法，而以书之先后为序。始于《大学》，使知为学之规模次序，而后继之以《论》《孟》《诗》《书》。义理充足于中，则可探大本一原之妙，故继之以《中庸》。达乎本原，则可以穷神知化，故继之以《易》。理之明，义之精，而达乎造化之蕴，则可以识圣人之大用，故继之以《春秋》。明乎《春秋》之用，则可推以观史，而辨其是非得失之致矣。《横渠易说》以下，则仍语录之序，而《周官》之义因以具焉。卷四存养：此卷论存养。盖穷格之虽至，而涵养之不足，则其知将日昏，而亦何以为力行之地哉！故存养之功，实贯乎知行，而此卷之编，列乎二者之间也。卷五克治：此卷论力行。盖穷理既明，涵养既厚，即推于行己之间，尤当尽其克治之功也。

第二卷至第五卷分别汇集北宋四子关于格物穷理、存养、改过迁善、克己复礼等主要为学方法。突出了为学、修己的功夫。体现出为学之序是博学、审问、慎思、明辨、笃行；修身之要是言忠信，行笃敬，惩忿窒欲，改过迁善等基本主张。集中反映了程朱理学的特点，把格物穷理、居敬持志、践履笃行的要点突现出来。这和《大学》中的"八条目"之前五条是一致的，即格物、致知、正心、诚意、修身，总之是为学以修己。

4. 齐家、治国、平天下

叶采注本把第六至第十卷简化为：卷六家道：此卷论齐家。盖克己之功既至，则施之家，而家可齐矣。卷七出处：此卷论出处之道。盖身既修，家既齐，则可以仕矣。然去就取舍，惟义之从，所当审处也。卷八治体：此卷论治道，盖明乎出处之义，则于治道之纲领不可不求讲明之。一旦得时行道，则举而措之耳。卷九治法：此卷论治法，盖治本虽立，而治具不容缺，礼乐政刑有一而未备，未足以成极治之功也。卷十政事：此卷论临政处事，盖明乎治道而通乎治法，则施于有政矣。凡居官任职，事上抚下，待同列，选贤才，处世之道具焉。

第六卷至第十卷，分别汇集北宋四子关于齐家、治国、平天下，以及待人接物、处事为人的言论。相当于《大学》"八条目"中的后三条。在"治国、平天下之道"中强调君为臣纲的思想，认为为人臣者应忠于君王，为人君者应仁爱百姓，勤于政事，为政以德。在"齐家之道"中强调父慈子孝、夫唱妇随、兄弟和睦等家庭伦理关系。待人接物、处事为人强调正谊、明道，不计功利和"己所不欲，勿施于人，行有不得，反求诸己"的思想。其中"事亲居家"，即"齐家之道，原为第九卷，后觉与《大学》中齐家、治国、平天下的顺序不合，经与吕祖谦讨论，改移为第六卷"。朱熹在给吕祖谦的信中做了说明："事亲居家事在第九卷，亦似太缓，今欲剉作一番，令在'出处'之前，乃得其序。"

这样，从第三卷到第十卷，基本上是按照《大学》中"八条目"的结构顺序编排，使《近思录》与《四书集注》相一致，并相互映照。

5. 教人

第十一卷和第十二卷，专门汇集北宋四子关于"教人"的言论。前面数卷均从为学自修出发，体现"为学由己"的思想。但是，强调自修，并不排斥师友讲论，特别是对那些一向不能自省自克之人，更需要师友讲论，指出其缺点，寻求改过向善的办法和措施。

6. 异端之学

第十三卷异端之学，是对佛、道、老子学说的批评，指斥其为异端之学，告诫学老子勿陷异端邪说。程朱理学本来吸收了许多佛、道的思想，但他们最忌讳被人们视为释、为道、为禅，因此极力与佛道划清界限。一方面确实是想防止门徒误入禅道，另一方面也有掩人耳目之意。

7. 圣贤气象

第十四卷圣贤气象。列举的圣贤人物共22人，尧、舜、禹、汤、文、武、孔子、颜回、曾参、子思、孟轲、荀况、毛苌、董仲舒、扬雄、诸葛亮、王通、韩愈、周敦颐、程颢、程颐、张载。绝大多数是程朱理学所标举的道统中的人物。选取这些人物，树为圣贤形象，概述这些圣贤人物的胸襟、志趣、器量、风度、德业、音容、笑貌等。一方面是展现理学家所追慕和向往的理想人格，另一方面也是为学者树立起效法的典型形象，发挥榜样的教育力量。特别引人注目的是：朱熹对北宋四子倍加推崇、精心描绘。如"周茂叔胸中洒落，如光风霁月"；"程明道纯粹如精金，温润如良玉"，"朱公掞见明道于汝，归谓人曰：光庭在春风中坐了一个月。游、杨初见伊川，伊川瞑目而坐，二子侍立。既觉，顾谓曰：'贤辈尚在此乎？日既晚，且休矣。'及出门，门外之雪深一尺"；横渠"先生气质刚毅，德盛貌严"。这就是理学家所极力推崇的"圣贤气象"，也是为学者树立的典型形象。

《近思录》从总论理学精义，进而论及为学之要，修身、齐家、治国、平天下及待人接物、处事为人之则，最言落实到为学的终极目标，昭示"圣贤气象"的理想人格，构成一个完整的体系，或为按照理学家的教育模式塑造士子的基础教材。

（三）《近思录》节选[1]

朱熹序

淳熙乙未之夏，东莱吕伯恭来自东阳，过予寒泉精舍，留止旬日，相与读周子、程子、张子之书，叹其广大宏博，若无津涯，而惧夫初学者不知所入也。因共掇取其关于大体而切于日用者，以为此编。总六百二十二条，分十四卷。盖凡学者所以求端用力、处己治人之要，与夫所以辨异端、观圣贤之大略，皆粗见其梗概。

以为穷乡晚进，有志于学，而无明师良友以先后之者，诚得此而玩心焉，亦足以得其门而入矣。如此然后求诸四君子之全书，沈潜反复，优柔厌饫，以致其博而反诸约焉，则其宗庙之美，百官之富，庶乎其有以尽得之。若惮烦劳，安简便，以为取足于此而可，则非今日所以纂集此书之意也。

五月五日，新安朱熹谨识。

吕祖谦序

《近思录》既成，或疑首卷阴阳变化性命之说，大氐非始学者之事。祖谦窃尝与闻次缉之意，后出晚进，于义理之本原，虽未容骤语，苟茫然不识其梗概，则亦何所底止？列之篇端，特使之知其名义，有所向望而已。至于余卷所载讲学之方、日用躬行之实，具有科级。循是而进，自卑升高，自近及远，庶几不失纂集之指。若乃厌卑近而骛高远，躐等陵节，流于空虚，迄无所依据，则岂所谓"近思"者耶？览者宜详之。

---

[1] 朱杰人，严佐之，刘永翔.《朱子全书》[M].第十三册，《近思录》.上海：上海古籍出版社，合肥：安徽教育出版社，2002.163—225.

淳熙三年四月四日，东莱吕祖谦谨书。

卷一　道体

濂溪先生曰：无极而太极。太极动而生阳，动极而静；静而生阴，静极复动。一动一静，互为其根；分阴分阳，两仪立焉。阳变阴合，而生水、火、木、金、土；五气顺布，四时行焉。五行，一阴阳也；阴阳，一太极也；太极，本无极也。五行之生也，各一其性。无极之真，二五之精，妙合而凝。乾道成男，坤道成女，二气交感，化生万物。万物生生，而变化无穷焉。惟人也，得其秀而最灵。形既生矣，神发知矣，五性感动而善恶分、万事出矣。圣人定之以中正仁义（圣人之道，仁义中正而已矣），而主静（无欲，故静），立人极焉。故圣人与天地合其德，日月合其明，四时合其序，鬼神合其吉凶。君子修之吉，小人悖之凶。故曰："立天之道，曰阴与阳；立地之道，曰柔与刚；立人之道，曰仁与义。"又曰："原始反终，故知死生之说。"大哉《易》也，斯其至矣！

诚，无为。几善恶。德爱曰仁，宜曰义，理曰礼，通曰智，守曰信。性焉、安焉之谓圣，复焉执焉之谓贤，发微不可见、充周不可穷之谓神。

伊川先生曰："喜怒哀乐之未发，谓之中。中也者，言寂然不动者也，故曰天下之大本。发而皆中节谓之和。和也者，言感而遂通者也，故曰天下之达道。

心，一也。有指体而言者（寂然不动是也。），有指用而言者（感而遂通天下之故是也。），惟观其所见如何耳"。

"天所赋为命，物所受为性。"

天下之理，终而复始，所以恒而无穷。恒非一定之谓也，一定则不能恒矣。惟随时变易，乃常道也。天地常久之道，天下常久之理，非知道者，孰能识之？

"人性本善，有不可革者。何也？"曰："语其性，则皆善也；语其才，则有下愚之不移。所谓下愚有二焉：自暴也，自弃也。人苟以善自治，则无不可移者，虽昏愚之至，皆可渐磨而进。惟自暴者拒之以不信，自弃者绝之以不为，虽圣人与居，不能化而入也，仲尼之所谓下愚也。然天下自弃自暴者，非必皆昏愚也，往往强戾而才力有过人者，商辛是也。圣人以其自绝于善，谓之下愚，然考其归，则诚愚也。”“既曰下愚，其能革面，何也？”曰：“心虽绝于善道，其畏威而寡罪，则与人同也。惟其有与人同，所以知其非性之罪也。”

在物为理，处物为义。

动静无端，阴阳无始，非知道者，孰能识之？

仁者，天下之正理，失正理则无序而不和。

明道先生曰：天地生物，各无不足之理。常思天下君臣、父子、兄弟、夫妇，有多少不尽分处！

“忠信所以进德”，“终日乾乾”；君子当终日对越在天也。盖上天之载，无声无臭，其体则谓之易，其理则谓之道，其用则谓之神，其命于人则谓之性。

率性则谓之道，修道则谓之教。孟子去其中又发挥出浩然之气，可谓尽矣。故说神“如在其上，如在其左右”，大小大事而只曰“诚之不可掩如此夫”。彻上彻下，不过如此。形而上为道，形而下为器，须著如此说。器亦道，道亦器，但得道在，不系今与后，己与人。

医书言手足痿痹为不仁，此言最善名状。仁者以天地万物为一体，莫非己也。认得为己，何所不至？若不有诸己，自不与己相干。如手足不仁，气已不贯，皆不属己。故博施济众，乃圣人之功用。仁至难言，故止曰：“己欲立而立人，己欲达而达人，能近取譬，可谓仁之方也已。”欲令如是观仁，可以得仁之体。

“生之谓性”。性即气，气即性，生之谓也。人生气禀，理有善恶，然不是性中元有此两物相对而生也。有自幼而善，有自幼而恶（后稷之克岐克嶷，子越椒始生，人知其必灭若敖氏之类。），是气禀有然也。善固性也，然恶亦不可不谓之性也。盖“生之谓性”“人生而静”以上不容说，才说性时便已不是性也。

凡人说性，只是说"继之者善也"，孟子言性善是也。夫所谓"继之者善也"者，犹水流而就下也。皆水也，有流而至海，终无所污，此何烦人力之为也？有流而未远，固已渐浊；有出而甚远，方有所浊。有浊之多者，有浊之少者。清浊虽不同，然不可以浊者不为水也。如此，则人不可以不加澄治之功。故用力敏勇则疾清，用力缓怠则迟清。及其清也，则却只是元初水也，不是将清来换却浊，亦不是取出浊来置在一隅也。水之清，则性善之谓也。故不是善与恶在性中为两物相对，各自出来。此理，天命也。顺而循之，则道也；循此而修之，各得其分，则教也。自天命以至于教，我无加损焉。此舜有天下而不与焉者也。

伊川先生曰：公则一，私则万殊。人心不同如面，只是私心。

凡物有本末，不可分本末为两段事。洒扫应对是其然，必有所以然。

杨子拔一毛不为，墨子又摩顶放踵为之，此皆是不得中。至如子莫执中，欲执此二者之中，不知怎么执得。识得则事事物物上，皆天然有个中在那上，不待人安排也，安排著则不中矣。

明道先生曰：天地之间只有一个感与应而已，更有甚事？

问仁，伊川先生曰："此在诸公自思之，将圣贤所言仁处类聚观之，体认出来。孟子曰：'恻隐之心，仁也。'后人遂以爱为仁。爱自是情，仁自是性，岂可专以爱为仁？孟子言：'恻隐之心，仁之端也。'既曰仁之端，则不可便谓之仁。退之言：'博爱之谓仁'，非也。仁者固博爱，然便以博爱为仁，则不可。"

问："仁与心何异？"曰："心譬如谷种，生之性便是仁，阳气发处乃情也。"

义训宜，礼训别，智训知，仁当何训？说者谓训觉、训人，皆非也。当合孔、孟言仁处大概研穷之，二三岁得之，未晚也。

性即理也。天下之理，原其所自，未有不善。喜怒哀乐未发，何尝不善？发而中节，则无往而不善。凡言善恶，皆先善而后恶；言吉凶，皆先吉而后凶；

言是非，皆先是而后非。（《易传》曰："成而后有败，败非先成者也。得而后有失，非得何以有失也？"）

问："心有善恶否？"曰："在天为命，在义为理，在人为性，主于身为心，其实一也。心本善，发于思虑则有善有不善。若既发，则可谓之情，不可谓之心。

譬如水，只可谓之水；至如流而为派，或行于东，或行于西，却谓之流也。"

性出于天，才出于气。气清则才清，气浊则才浊。才则有善有不善，性则无不善。

性者自然完具，信只是有此者也。故四端不言信。

心，生道也。有是心，斯具是形以生。恻隐之心，人之生道也。

性者，万物之一源，非有我之得私也。惟大人为能尽其道。是故立必俱立，知必周知，爱必兼爱，成不独成。彼自蔽塞而不知顺吾理者，则亦末如之何矣。

心，统性情者也。

凡物莫不有是性。由通、蔽、开、塞，所以有人物之别；由蔽有厚薄，故有知愚之别。塞者牢不可开；厚者可以开，而开之也难，薄者开之也易，开则达于天道，与圣人一。

卷二　为学大要

濂溪先生曰：圣希天，贤希圣，士希贤。伊尹、颜渊，大贤也。伊尹耻其君不为尧、舜，一夫不得其所，若挞于市；颜渊不迁怒，不贰过，三月不违仁。志伊尹之所志，学颜子之所学　过则圣，及则贤，不及则亦不失于令名。

圣人之道，入乎耳，存乎心，蕴之为德行，行之为事业。彼以文辞而已者，陋矣。

或问："圣人之门，其徒三千，独称颜子为好学。夫《诗》《书》六艺，三千子非不习而通也，然则颜子所独好者，何学也？"伊川先生曰："学以至圣人之道也。圣人可学而致欤？"曰："然。""学之道如何？"曰："天地储精，得五行之秀者为人。其本也真而静；其未发也，五性具焉，曰仁、义、礼、智、信。

形既生矣，外物触其形而动其中矣。其中动而七情出焉，曰喜、怒、哀、庆、爱、恶、欲。情既炽而益荡，其性凿矣。是故觉者约其情，使合于中，正其心，养其性；愚者则不知制之，纵其情而至于邪僻，梏其性而亡之。然学之道，必先明诸心，知所养，然后力行以求至，所谓自明而诚也。诚之之道，在乎信道笃，信道笃则行之果，行之果则守之固。仁义忠信不离乎心，造次必于是，颠沛必于是，出处语默必于是。久而弗失，则居之安，动容周旋中礼，而邪僻之心无自生矣。故颜子所事，则曰：'非礼勿视，非礼勿听，非礼勿言，非礼勿动。'仲尼称之，则曰：'得一善，则拳拳服膺而弗失之矣。'又曰：'不迁怒，不贰过。有不善未尝不知，知之未尝复行也。'此其好之笃、学之之道也。然圣人则不思而得，不勉而中；颜子则必思而后得，必勉而后中，其与圣人相去一息。所未至者，守之也，非化之也。以其好学之心，假之以年，则不日而化矣。后人不达，以谓圣本生知，非学可至，而为学之道遂失。不求诸己而求诸外，以博闻强记、巧文丽辞为工，荣华其言，鲜有至于道者。则今之学，与颜子所好异矣。"

横渠先生问于明道先生曰："定性未能不动，犹累于外物，何如？"明道先生曰："所谓定者，动亦定，静亦定，无将迎，无内外。苟以外物为外，牵己而从之，是以己性为有内外也。且以性为随物于外，则当其在外时，何者为在内？是有意于绝外诱而不知性之无内外也。既以内外为二本，则又乌可遽语定哉？夫天地之常，以其心普万物而无心；圣人之常，以其情顺万事而无情。故君子之学，莫若廓然而大公，物来而顺应。《易》曰：'贞吉，悔亡。憧憧往来，朋从尔思。'苟规规于外诱之除，将见灭于东而生于西也。非惟日之不足，顾其端无穷，不可得而除也。人之情各有所蔽，故不能适道，大率患在于自私而用智。自私则不能以有为为应迹，用智则不能以明觉为自然。今以恶外物之心，而求照无物之地，是反鉴而索照也。《易》曰：'艮其背，不获其身；行其庭，不见其人。'《孟子》亦曰：'所恶于智者，为其凿也。'与其非外而是内，不若内外之两忘也；两忘则澄然无事矣；无事则定，定则明，明则尚何应物之为累哉？圣人之喜，以物之当喜；圣人之怒，以物之当怒，是圣人之喜怒，不系于心，而系于物也。是则圣人岂不应于物哉？乌得以从外者为非，而更求在内者为是也？今以自私用智之喜怒，而视圣人喜怒之正为如何哉？夫人之情易发而难制者，惟怒为甚。第能于怒时，遽忘其怒，而观理之是非，亦可见外诱之不足恶，而于道亦思过半矣。"

伊川先生答朱长文书曰：圣贤之言，不得已也。盖有是言，则是理明；无是言，则天下之理有阙焉。如彼耒耜陶冶之器，一不制则生人之道有不足矣。圣贤之言虽欲已，得乎？然其包涵尽天下之理，亦甚约也。后之人始执卷，则以文章为先。平生所为，动多于圣人　然有之无所补，无之靡所阙，乃无用之赘言也。

不止赘而已，既不得其要，则离真失正，反害于道必矣。来书所谓欲使后人见其不忘乎善，此乃世人之私心也。夫子"疾没世而名不称"焉者，疾没身无善可称云尔，非谓疾无名也。名者可以厉中人，君子所存，非所汲汲。

内积忠信，所以进德也；择言笃志，所以居业也。知至至之，致知也。求知所至而后至之，知之在先，故可与几，所谓"始条理者，知之事也"。知终终之，力行也。既知所终，则力进正终之，守之在后，故可与存义，所谓"终条理者圣之事也"。此学之始终也。

君子主敬以直其内，守义以方其外。敬立而内直，义形而外方。义形于外，非在外也。敬义既立，其德盛矣，不期大而大矣。德不孤也，无所用而不周，无所施而不利，孰为疑乎？

动以天为无妄，动以人欲则妄矣。《无妄》之义大矣哉！虽无邪心，苟不合正理，则妄也，乃邪心也。既已无妄，不宜有往，往则妄也。故《无妄》之《象》曰："其匪正有眚，不利有攸往。"

人之蕴蓄，由学而大，在多闻前古圣贤之言与行。考迹以观其用，察言以求其心，识而得之，以蓄成其德。

习，重习也。时复思绎，浃洽于中，则说也。以善及人，而信从者众，故可乐也。虽乐于及人，不见是而无闷，乃所谓君子。

古之学者为己，欲得之于己也；今之学者为人，欲见知于人也。

伊川先生谓方道辅曰：圣人之道，坦如大路，学者病不得其门耳。得其门，无远之不到也。求入其门，不由于经乎？今之治经者亦众矣，然而买椟还珠之蔽，人人皆是。经，所以载道也，诵其言辞，解其训诂，而不及道，乃无用之糟粕耳。觊足下由经以求道，勉之又勉，异日见卓尔有立于前，然后不知手之舞、足之蹈，不加勉而不能自止矣。

明道先生曰："修辞立其诚"，不可不子细理会。言能修省言辞，便是要立诚。若只是修饰言辞为心，只是为伪也。若修其言辞，正为立己之诚意，乃是体当自家敬以直内、义以方外之实事。道之浩浩，何处下手？惟立诚才有可居之处。有可居之处，则可以修业也。终日乾乾，大小大事，却只是"忠信所以进德"为实下手处，"修辞立其诚"为实修业处。

伊川先生曰：志道恳切，固是诚意。若迫切不中理，则反为不诚。盖实理中自有缓急，不容如是之迫。观天地之化乃可知。

孟子才高，学之无可依据。学者当学颜子，入圣人为近，有用力处。又曰：学者要学得不错，须是学颜子。

明道先生曰：且省外事，但明乎善，惟进诚心，其文章虽不中，不远矣。所守不约，泛滥无功。

学者识得仁体，实有诸己，只要义理栽培。如求经义，皆栽培之意。

昔受学于周茂叔，每令寻颜子、仲尼乐处，所乐何事。

所见所期，不可不远且大。然行之亦须量力有渐。志大心劳，力小任重，恐终败事。

朋友讲习，更莫如相观而善工夫多。

论性不论气，不备；论气不论性，不明；二之，则不是。

论学便要明理，论治便须识本。

不学便老而衰。

人之学不进，只是不勇。

学者为气所胜，习所夺，只可责志。

大抵学不言而自得者，乃自得也。有安排布置者，皆非自得也。

明道先生曰：学只要鞭辟近里，著己而已。故"切问而近思"，则"仁在其中矣"。"言忠信，行笃敬，虽蛮貊之邦行矣。言不忠信，行不笃敬，虽州里行乎哉？立则见其参于前也。在舆则见其倚于衡也，夫然后行。"只此是学。质美者明得尽，查滓便浑化，却与天地同体。其次惟庄敬持养；及其至，则一也。

凡人才学，便须知着力处，既学，便须知得力处。

伊川先生曰：古之学者，优柔厌饫，有先后次序。今之学者，却只作一场话说，务高而已。常爱杜元凯语："若江海之浸、膏泽之润，涣然冰释，怡然理顺，然后为得也。"今之学者，往往以游、夏为小，不足学。然游、夏一言一事，却总是实。后之学者好高，如人游心于千里之外，然自身却只在此。

仁之道，要之只消道一公字。公只是仁之理，不可将公便唤作仁。公而以人体之，故为仁。只为公则物我兼照，故仁，所以能恕、所以能爱，恕则仁之施，爱则仁之用也。

今之为学者，如登山麓。方其迤逦，莫不阔步，及到峻处便止。须是要刚决果敢以进。

人谓要力行，亦只是浅近语。人既能知，见一切事皆所当为，不必待着意，才着意，便是有个私心。这一点意气，能得几时了？

知之必好之，好之必求之，求之必得之。古人此个学是终身事。果能颠沛，造次必于是，岂有不得道理？

古之学者一，今之学者三，异端不与焉。一曰文章之学，二曰训诂之学，三曰儒者之学。欲趋道，舍儒者之学不可。

问："作文害道否？"曰："害也。凡为文，不专意则不工。若专意，则志局于此，又安能与天地同其大也？《书》曰：'玩物丧志。'为文亦玩物也。吕与叔有诗云：'学如元凯方成癖，文似相如始类俳。独立孔门无一事，只输颜氏得心斋。'古之学者，惟务养情性，其它则不学。今为文者，专务章句悦人耳目。既务悦人，非俳优而何？"曰："古者学为文否？"曰："人见《六经》，便以谓圣人亦作文，不知圣人亦摅发胸中所蕴，自成文耳。所谓有德者必有言也。"曰："游、夏称文学，何也？"曰："游、夏亦何尝秉笔学为词章也？且如观乎天文以察时变，观乎人文以化成天下，此岂词章之文也？"

涵养须用敬，进学则在致知。

问："'必有事焉'，当用敬否？"曰："敬是涵养一事，'必有事焉'，须用集义。只知用敬，不知集义，却是都无事也。"又问："义莫是中理否？"曰："中理在事，义在心。"

问："敬、义何别？"曰："敬只是持己之道，义便知有是、有非。顺理而行是为义也。若只守一个敬，不知集义，却是都无事也。且如欲为孝，不成只守着一个孝字。须是知所以为孝之道，所以侍奉当如何，温清当如何，然后能尽孝道也。"

学者须是务实，不要近名方是。有意近名，则为伪也。大本已失，更学何事？为名与为利，清浊虽不同，然其利心则一也。

明道先生曰：性静者可以为学。

伊川先生曰：人安重则学坚固。

"博学之，审问之，慎思之，明辨之，笃行之。"五者废其一，非学也。

张思叔请问，其论或太高，伊川不答，良久，曰："累高必自下。"

明道先生曰：人之为学，忌先立标准。若循循不已，自有所至矣。

有人说无心，伊川曰："无心便不是，只当云无私心。"

谢显道见伊川，伊川曰："近日事如何？"对曰："天下何思何虑？"伊川曰："是则是有此理，贤却发得太早在。"在伊川直是会锻炼得人，说了，又道："恰好着工夫也。"

谢显道云：昔伯淳教诲，只管着他言语。伯淳曰："与贤说话，却似扶醉汉，救得一边，倒了一边。"只怕人执着一边。

形而后有气质之性，善反之，则天地之性存焉。故气质之性，君子有弗性者焉。

德不胜气，性命于气；德胜其气，性命于德。穷理尽性，则性天德，命天理。

圣人尽性，不以见闻梏其心；其视天下，无一物非我。孟子谓："尽心则知性知天"，以此。天大无外，故有外之心，不足以合天心。

仲尼绝四，自始学至成德，竭两端之教也。"意"有思也，"必"有待也，"固"不化也，"我"有方也。四者有一焉，则与天地为不相似矣。

上达反天理，下达徇人欲考欤！

知崇，天也，形而上也。通昼夜而知，其知崇矣。知及之而不以礼性之，非己有也。故知礼成性而道义出，如天地位而易行。

困之进人也，为德辨，为感速。孟子谓"人有德慧术智者，常存乎疢疾"，以此。

横渠先生谓范巽之曰："吾辈不及古人，病源何在？"巽之请问。先生曰："此非难悟。设此语者，盖欲学者存意之不忘，庶游心浸熟，有一日脱然如大寐之得醒耳。"

未知立心，恶思多之致疑；既知所立，恶讲治之不精。讲治之思，莫非术内，虽勤而何厌？所以急于可欲者，求立吾心于不疑之地，然后若决江河以利吾往。

此义亦是博文约礼，下学上达。以此警策一年，安得不长？每日须求多少为益。

知所亡，改得少不善，此德性上之益；读书求义理，编书须理会有所归着，勿徒写过，又多识前言往行，此问学上益也。勿使有俄顷闲度，逐日似此，三年，庶几有进。

为天地立心，为生民立道，为去圣继绝学，为万世开太平。

载所以使学者先学礼者，只为学礼，则便除去了世俗一副当习熟缠绕。譬之延蔓之物，解缠绕即上去。苟能除去了一副当世习，便自然脱洒也。又学礼，则可以守得定。

多闻不足以尽天下之故。苟以多闻而待天下之变，则道足以酬其所尝知。若劫之不测，则遂穷矣。

为学大益，在自求变化气质。不尔，皆为人之弊，卒无所发明，不得见圣人之奥。

心大则百物皆通，心小则百物皆病。

人虽有功，不及于学，心亦不宜忘。心苟不忘，则虽接人事，即是实行，莫非道也。心若忘之，则终身由之，只是俗事。

窃尝病孔、孟既没，诸儒嚣然，不知反约穷源，勇于苟作，持不逮之资，而急知后世。明者一览，如见肺肝然，多见其不知量也。方且创艾其弊，默养吾诚。

学者大不宜志小气轻。志小则易足，易足则无由进；气轻则以未知为已知、未学为已学。

卷三　格物穷理

伊川先生答朱长文书曰：心通乎道，然后能辨是非，如持权衡以较轻重，孟子所谓知言是也。心不通于道，而较古人之是非，犹不持权衡而酌轻重，竭其目力，劳其心智，虽使时口，亦古人所谓"亿则屡中"，君子不贵也。

伊川先生答门人曰：孔、孟之门，岂皆贤哲？固多众人。以众人观圣贤，弗识者多矣，惟其不敢信己而信其师，是故求而后得。今诸君于颐言，才不合，则置不复思，所以终异也。不可便放下，更且思之，致知之方也。

伊川先生答横渠先生曰：所论大概，有苦心极力之象，而无宽裕温厚之气。非明睿所照，而考索至此，故意屡偏而言多室，小出入时有之。（明所照者，如目所睹，纤微尽识之矣。考索至者，如揣料于物，约见仿佛尔，能无差乎？）更愿完养思虑，涵泳义理，他日自当条畅。

欲知得与不得，于心气上验之。思虑有得，中心悦豫，沛然有裕者，实得也；思虑有得，心气劳耗者，实未得也，强揣度耳。尝有人言："比因学道，思虑心虚。"曰："人之血气，固有虚实。疾病之来，圣贤所不免。然未闻自古圣贤因学而致心疾者。"

今日杂信鬼怪异说者，只是不先烛理。若于事上一一理会，则有甚尽期？须只于学上理会。

学原于思。

所谓"日月至焉"，与久而不息者所见，规模虽略相似，其意味气象迥别，须潜心默识，玩索久之，庶几自得。学者不学圣人则已，欲学之，须熟玩味圣人之气象，不可只于名上理会，如此只是讲论文字。

问："忠信进德之事，固可勉强，然致知甚难。"伊川先生曰："学者固当勉强，然须是知了方行得。若不知，只是觑却尧，学他行事，无尧许多聪明睿智，怎生得如他动容周旋中礼？如子所言，是笃信而固守之，非固有之也。未致知便欲诚意，是躐等也。勉强行者，安能持久？除非烛理明，自然乐循理。性本善，循理而行，是顺理事，本亦不难，但为人不知，旋安排著，便道难也。知有多少般数，煞有深浅，学者须是真知，才知得是，便泰然行将去也。某年二十时，解释经义，与今无异，然思今日，觉得意味与少时自别。"

凡一物上有一理，须是穷致其理。穷理亦多端：或读书讲明义理；或论古今人物，别其是非；或应接事物而处其当，皆穷理也。

或问："格物，须物物格之？还只格一物而万理皆知？"曰："怎得便会贯通？若只格一物便通众理，虽颜子亦不敢如此道。须是今日格一件，明日又格一件，积习既多，然后脱然自有贯通处。"

"思曰睿。"思虑久后，睿自然生。若于一事上思未得，且别换一事思之，不可专守着这一事。盖人之知识于这里蔽着，虽强思亦不通也。

问："人有志于学，然知识蔽固，力量不至，则如之何？"伊川曰："只是致知。若知识明，则力量自进。"

问："如何是近思？"曰："以类而推。"

学者先要会疑。

义理之学，亦须深沉方有造，非浅易轻浮之可得也。

学不能推究事理，只是心粗。至如颜子未至于圣人处，犹是心粗。

博学于文者，只要得习、坎、心、亨。盖人经历险阻艰难，然后其心亨通。

义理有疑，则濯去旧见，以来新意。心中有所开，即便札记，不思则还塞之矣。更须得朋友之助，一日间朋友论著，则一日间意思差别，须日日如此，讲论久则自觉进也。

凡致思到说不得处，始复审思明辨，乃为善学也。若告子则到说不得处遂已，更不复求。

伊川先生曰：凡看文字，先须晓其文义，然后可求其意。未有文义不晓而见意者也。

学者要自得。《六经》浩渺，乍来难尽晓。且见得路径后，各自立得一个门庭，归而求之可矣。

凡解文字，但易其心，自见理。理只是人理，甚分明，如一条平坦底道路。《诗》曰："周道如砥，其直如矢。"此之谓也。

或曰："圣人之言，恐不可以浅近看他。"曰："圣人之言，自有近处，自有深远处。如近处，怎生强要凿教深远得？扬子曰：'圣人之言远如天，贤人之言近如地。'颐与改之曰：'圣人之言，其远如天，其近如地。'"

学者不泥文义者，又全背却远去，理会文义者，又滞泥不通。如子濯孺子为将之事，孟子只取其不背师之意，人须就上面理会事君之道如何也。又如万章问舜完廪浚井事，孟子只答他大意，人须要理会浚井如何出得来，完廪又怎生下得来。若此之学，徒费心力。

凡解经不同，无害；但紧要处，不可不同尔。

焞初到，问为学之方。先生曰："公要知为学，须是读书，书不必多看，要知其约，多看而不知其约，书肆耳。颐缘少时读书贪多，如今多忘了。须是将圣人言语玩味，入心记着，然后力去行之，自有所得。"

初学入德之门，无如《大学》，其他莫如《语》、《孟》。

学者先须读《论》《孟》。穷得《论》《孟》，自有要约处，以此观他经，甚省力。《论》《孟》如丈尺权衡相似，以此去量度事物，自然见得长短轻重。

读《论语》者，但将诸弟子问处，便作己问；将圣人答，处便作今日耳闻，自然有得。若能于《论》《孟》中深求玩味，将来涵养成甚生气质！

凡看《语》《孟》，且须熟玩味，将圣人之言语切己，不可只作一场话说。人只看得此二书切己，终身尽多也。

学者当以《论语》《孟子》为本。《论语》《孟子》既治，则《六经》可不治而明矣。读书者当观圣人所以作经之意，与圣人所以用心，与圣人所以至圣人，而吾之所以未至者，所以未得者。句句而求之，昼诵而味之，中夜而思之，平其心，易其气，阙其疑，则圣人之意见矣。

明道先生曰：学者不可以不看《诗》，看《诗》便使人长一格价。

"不以文害辞。"文，文字之文，举一字则是文，成句是辞。《诗》为解一字不行，却迁就他说，如"有周不显"，自是作文当如此。

看《书》须要见二帝三王之道。如二《典》，即求尧所以治民、舜所以事君。

《中庸》之书，是孔门传授，成于子思、孟子。其书虽是杂记，更不分精粗，一衮说了。今人语道，多说高便遗却卑，说本便遗却末。

伊川先生《易传·序》曰：易，变易也，随时变易以从道也。其为书也，广大悉备，将以顺性命之理，通幽明之故，尽事物之情，而示开物成务之道也。圣人之忧患后世，可谓至矣。去古虽远，遗经尚存。然而前儒失意以传言，后学诵言而忘味，自秦而下，盖无传矣。予生千载之后，悼斯文之晦晦，将俾后人沿流而求源，此《传》所以作也。《易》有圣人之道四焉：以言者尚其辞，以动者尚其变，以制器者尚其象，以卜筮者尚其占。吉凶消长之理、进退存亡之道，备于辞，推辞考卦，可以知变，象与占在其中矣。"君子居则观其象而玩其辞，动则观其变而玩其占。"得于辞不达其意者有矣，未有不得于辞而能通其意者也。至微者理也，至著者象也，体用一源，显微无间。观会通以行其典礼，则辞无所不备。故善学者，求言必自近，易于近者，非知言者也。予所传者辞也，由辞以得意，则在乎人焉。

读史须见圣贤所存治乱之机，贤人君子出处进退，便是格物。

读书少，则无由考校得义精。盖书以维持此心，一时放下，则一时德性有懈。读书则此心常在，不读书则终看义理不见。

书须成诵，精思，多在夜中或静坐得之，不记则思不起，但通贯得大原后，书亦易记。所以观书者，释己之疑，明己之未达，每见每知新益，则学进矣。于不疑处有疑，方是进矣。

《六经》须循环理会，义理尽无穷。待自家长得一格，则又见得别。

如《中庸》文字辈，直须句句理会过，使其言互相发明。

《春秋》之书，在古无有，乃仲尼所自作，惟孟子能知之。非理明义精，殆未可学。先儒未及此而治之，故其说多凿。

卷四　存养

或问："圣可学乎？"濂溪先生曰："可。""有要乎？"曰："有。"请问焉。曰："一为要。一者，无欲也，无欲则静虚动直。静虚则明，明则通；动直则公，公则溥。明通公溥，庶矣乎。"

伊川先生曰：阳始生甚微．安静而后能长。故《复》之《象》曰："先王以至日闭关。"

动息节宣，以养生也；饮食衣服，以养形也；威仪行义，以养德也；推己及物，以养人也。

慎言语以养其德，节饮食以养其体。事之至近而所系至大者，莫过于言语饮食也。

"震惊百里，不丧匕鬯。"临大震惧，能安而不自失者，惟诚敬而已，此处震之道也。

人之所以不能安其止者，动于欲也。欲牵于前而求其止，不可得也。故艮之道，当"艮其背"，所见者在前，而背乃背之，是所不见也。止于所不见，则无欲以乱其心，而止乃安。"不获其身"，不见其身也，谓忘我也。无我则止矣。不能无我，无可止之道。"行其庭，不见其人。"庭除之间至近也，在背则虽至近不见，谓不交于物也。外物不接，内欲不萌，如是而止，乃得止之道，于止为无咎也。

明道先生曰：若不能存养，只是说话。

圣贤千言万语，只是欲人将已放之心，约之使反复入身来，自能寻向上去，下学而上达也。

李旴问："每常遇事，即能知操存之意。无事时，如何存养得熟？"曰："古之人，耳之于乐，目之于礼，左右起居，盘盂几杖，有铭有戒，动息皆有所养。今皆废此，独有理义之养心耳。但存此涵养意，意久则自熟矣。'敬以直内'是涵养意。"

吕与叔尝言："患思虑多不能驱除。"曰："此正如破屋中御寇，东面一人来未逐得，西面又一人至矣。左右前后，驱逐不暇。盖其四面空疏，盗固易入，无缘作得主定。又如虚器入水，水自然入。若以一器实之以水，置之水中，水何能入来？盖中有主则实，实则外患不能入，自然无事。"

邢和叔言："吾曹常须爱养精力，精力稍不足则倦，所临事皆勉强而无诚意。接宾客语言尚可见，况临大事乎？"

明道先生曰："学者全体此心，学虽未尽，若事物之来，不可不应。但随分限应之，虽不中不远矣。"

"居处恭，执事敬，与人忠"，此是彻上彻下语，圣人元无二语。

伊川先生曰："学者须敬守此心，不可急迫，当栽培深厚，涵泳于其间，然后可以自得。但急迫求之，只是私己，终不足以达道。"

明道先生曰："思无邪"，"毋不敬"，只此二句，循而行之，安得有差？有差者，皆由不敬不正也。

今学者敬而不自得，又不安者，只是心生，亦是太以敬来做事得重，此恭而无礼则劳也。恭者，私为恭之恭也。礼者，非体之礼，是自然底道理也。只恭而不为自然底道理，故不自在也，须是恭而安。今容貌必端，言语必正者，非是道独善其身，要人道如何，只是天理合如此，本无私意，只是个循理而已。

今志于义理而心不安乐者，何也？此则正是剩一个助之长，虽则心操之则存，舍之则亡，然而持之大甚，便是必有事焉而正之也，亦须且恁去，如此者只是德孤。德不孤，必有邻，到德盛后，自无窒碍，左右逢其原也。

敬而无失，便是喜怒哀乐未发谓之中。敬不可谓中，但敬而无失，即所以中也。

人只有一个天理，却不能存得，更做甚人也？

人多思虑，不能自宁，只是做他心主不定。要做得心主定，惟是止于事，"为人君止于仁"之类。如舜之诛四凶，四凶已作恶，舜从而诛之，舜何与焉？人不止于事，只是揽他事，不能使物各付物。物各付物，则是役物；为物所役，则是役于物。有物必有则，须是止于事。

伊川先生曰：学者患心虑纷乱，不能宁静，此则天下公病。学者只要立个心，此上头尽有商量。

有言："未感时，知何所寓？"曰："'操则存，舍则亡，出入无时，莫知其乡'，更怎生寻所寓？只是有操而已。操之之道，敬以直内也。"敬则自虚静，不可把虚静唤作敬。

学者先务，固在心志。然有谓欲屏去闻见知思，则是"绝圣弃智"。有欲屏去思虑，患其纷乱，则须坐禅入定。如明鉴在此，万物毕照，是鉴之常，难为使之不照。人心不能不交感万物，难为使之不思虑。若欲免此，惟是心有主。如何为主？敬而已矣。有主则虚，虚谓邪不能入；无主则实，实谓物来夺之。大凡人心不可二用，用于一事，则他事更不能入者，事为之主也。事为之主，尚无思虑纷扰之患，若主于敬，又焉有此患乎？所谓敬者，主一之谓敬；所谓一者，无适之谓一。且欲涵泳主一之义，不一则二三矣。至于不敢欺，不敢慢，尚不愧于屋漏，皆是敬之事也。严威俨恪，非敬之道，但致敬自此入。

问："人之燕居，形体怠惰，心不慢者，可否？"曰："安有箕踞而心不慢者？昔吕与叔六月中来缑氏，闲居中某尝窥之，必见其俨然危坐，可谓敦笃矣。学者须恭敬，但不可令拘迫，拘迫则难久。""思虑虽多，果出于正，亦无害否？"

曰："且如在宗庙则主敬，朝廷主庄，军旅主严，此是也。如发不以时，纷然无度，虽正亦邪。"苏季明问："喜怒哀乐未发之前求中，可否？"曰："不可。既思于喜怒哀乐未发之前求之，又却是思也。既思即是已发，才发便谓之和，不可谓之中也。"又问："吕学士言当求于喜怒哀乐未发之前，如何？"曰："若言存养于喜怒哀乐未发之前，则可；若言求中于喜怒哀乐未发之前，则不可。"又问："学者于喜怒哀乐发时，固当勉强裁抑；于未发之前，当如何用功？"曰："于喜怒哀乐未发之前，更怎生求？只平日涵养便是。涵养久，则喜怒哀乐发自中节。"曰："当中之时，耳无闻，目无见否？"曰："虽耳无闻，目无见，然见闻之理在始得。贤且说静时如何？"曰："谓之无物则不可，然自有知觉处。"曰："既有知觉，却是动也，怎生言静？人说'复其见天地之心'，皆以谓至静能见天地之心，非也。《复》之卦下面一画，便是动也，安得谓之静？"或曰："莫是于动上求静否？"曰："固是，然最难。释氏多言定，圣人便言止，所谓止如'为人君止于仁，为人臣止于敬'之类是也。《易》之《艮》言止之义曰：'艮其止，止其所也。'人多不能止，盖人万物皆备，遇事时各因其心之所重者更互而出，才见得这事重，便有这事出。若能物各付物，便自不出来也。"或曰："先生于喜怒哀乐未发之前，下动字，下静字？"曰："谓之静则可，然静中须有物始得，这里便是难处。学者莫若且先理会得敬，能敬则知此矣。"或曰："敬何以用功？"曰："莫若主一。"季明曰："昞尝患思虑不定，或思一事未了，他事如麻又生，如何？"曰："不可，此不诚之本也。须是习，习能专一时便好。不拘思虑与应事，皆要求一。"人于梦寐间，亦可以卜自家所学之浅深。如梦寐颠倒，即是心志不定、操存不固。

问："人心所系着之事果善，夜梦见之，莫不害否？"曰："虽是善事，心亦是动。凡事有朕兆入梦者却无害，舍此皆是妄动。人心须要定，使他思时方思乃是。今人都由心。"曰："心谁使之？"曰："以心使心则可。人心自由，便放去也。""持其志，无暴其气"，内外交相养也。

伊川先生曰：致知在所养，养知莫过于"寡欲"二字。

心定者其言重以舒，不定者其言轻以疾。

明道先生曰：人有四百四病，皆不由自家，则是心须教由自家。

谢显道从明道先生于扶沟。明道一日谓之曰："尔辈在此相从，只是学颢言语，故其学心口不相应，盍若行之？"请问焉。曰："且静坐。"伊川每见人静坐，便叹其善学。

今人从学之久，不见进长，正以莫识动静，见他人扰扰，非关己事，而所修亦废。由圣学观之，冥冥悠悠，以是终身，谓之光明可乎？敦笃虚静者，仁之本。不轻妄，则是敦厚也；无所系阁昏塞，则是虚静也。

此难以顿悟，苟知之，须久于道实体之，方知其味。夫仁亦在乎熟之而已。

卷五 改过迁善，克己复礼

濂溪先生曰：君子乾乾不息于诚，然必惩忿窒欲、迁善改过而后至。《乾》之用其善，是损益之大莫是违，圣人之旨深哉！吉凶悔吝生乎动。噫，吉一而已，动可不慎乎？

濂溪先生曰：孟子曰："养心莫善于寡欲。"予谓养心不止于寡而存耳。盖寡焉以至于无，无则诚立明通。诚立，贤也；明通，圣也。

伊川先生曰：颜渊问克己复礼之目，夫子曰："非礼勿视，非礼勿听，非礼勿言，非礼勿动。"四者身之用也，由乎中而应乎外，制于外所以养其中也。颜渊请事斯语，所以进于圣人。后之学圣人者，宜服膺而勿失也。因箴以自警。

损者，损过而就中，损浮末而就本实也。天下之害，无不由末之胜也。峻宇雕墙，本于宫室；酒池肉林，本于饮食；淫酷残忍，本于刑罚；穷兵黩武，本于征讨。凡人欲之过者，皆本于奉养，其流之远，则为害矣。先王制其本者，天理也；后人流于末者，人欲也。损之义，损人欲以复天理而已。

人而无克伐怨欲，惟仁者能之。有之而能制其情不行焉，斯亦难能也，谓之仁则未可也。此原宪之问，夫子答以知其为难，而不知其为仁，此圣人开示之深也。

明道先生曰：义理与客气常相胜，只看消长分数多少，为君子、小人之别。义理所得渐多，则自然知得客气消散得渐少，消尽者是大贤。

或谓："人莫不知和柔宽缓，然临事则反至于暴厉。"曰："只是志不胜气，气反动其心也。"

人不能祛思虑，只是吝。吝故无浩然之气。

治怒为难，治惧亦难。克己可以治怒，明理可以治惧。

尧夫解他山之石，可以攻玉。玉者温润之物，若将两块玉来相磨，必磨不成，须是得他个粗砺底物，方磨得出。譬如君子与小人处，为小人侵陵，则修省畏避，动心忍性，增益预防，如此便道理出来。

所欲不必沉溺，只有所向便是欲。

明道先生曰：子路亦百世之师。（人告之以有过则喜。）

"人语言紧急，莫是气不定否？"曰："此亦当习，习到自然缓时，便是气质变也。学至气质变，方是有功。"

问："不迁怒，不贰过，何也？《语录》有怒甲不移乙之说，是否？"伊川先生曰："是。"曰："若此则甚易，何待颜子而后能？"曰："只被说得粗了，诸君便道易。此莫是最难？须是理会得因何不迁怒，如舜之诛四凶，怒在四凶，舜何与焉？盖因是人有可怒之事而怒之，圣人之心本无怒也。譬如明镜，好物来时便见是好，恶物来时便见是恶，镜何尝有好恶也？世之人固有怒于室而色于市，且如怒一人，对那人说话能无怒色否？有能怒一人而不怒别人者，能忍得如此，已是煞知义理。若圣人因物而未尝有怒，此莫是甚难？君子役物，小人役于物。今见可喜可怒之事，自家着一分陪奉他，此亦劳矣。圣人之心如止水。"

人之视最先，非礼而视，则所谓开目便错了。次听、次言、次动，有先后之序。人能克己，则心广体胖；仰不愧，俯不怍，其乐可知，有息则馁矣。

圣人责己感也处多，责人应也处少。

谢子与伊川先生别一年，往见之，伊川曰："相别一年，做得甚工夫？"谢曰："也只去个'矜'字。"曰："何改？"曰："子细检点，得来病痛，尽在这里。若按伏得这个罪过，方有向进处。"伊川点头，因语在坐同志者曰："此人为学，切问近思者也。"

思叔诟詈仆夫，伊川曰："何不动心忍性？"思叔惭谢。

见贤便思齐，有为者亦若是；见不贤而内自省，盖莫不在己。

横渠先生曰："湛一，气之本；攻取，气之欲。口腹于饮食，鼻舌于臭味，皆攻取之性也。知德者属厌而已，不以嗜欲累其心，不以小害大、末丧本焉尔。"

世学不讲，男女从幼便骄惰坏了，到长益凶狠。只为未尝为子弟之事，则于其亲已有物我，不肯屈下。病根常在，又随所居而长，至死只依旧。为子弟，则不能安洒扫应对；在朋友，则不能下朋友；有官长，则不能下官长；为宰相，则不能下天下之贤。甚则至于徇私意，义理都丧，也只为病根不去，随所居所接而长。人须一事事消了病，则义理常胜。

四、《白鹿洞书院揭示》

南宋淳熙六年（1179 年），朱熹赴任南康（治所星子县，今江西省九江市星子县）知军。朱熹以教育为己壬，修复了白鹿洞书院，并为该书院制定了著名的《白鹿洞书院揭示》（亦称《白鹿洞书院学规》，以下简称《揭示》）。随着理学教育的传播和理学家地位的上升，《白鹿洞书院揭示》在南宋淳祐元年（1241 年）作为御颁的学规，成为全国各类学校及书院共同遵行的教育指导方针。在此后的几百年间，这一学规对我国的书院教育产生了重要影响，并直接影响了如日本等其他周边国家的教育。

（一）朱熹与白鹿洞书院的重建

书院是我国古代传播文化、交流学术、培养士子的场所。自唐迄清，江西设立的书院极多，居全国首位。而"海内书院第一"的白鹿洞书院，则是我国历史上第一所完备的书院。

白鹿洞书院位于庐山五老峰东南的一个山丘环抱的河谷小盆地中，树木葱郁，风景秀丽。白鹿洞书院在唐代时原为李渤兄弟隐居读书处。李渤养有一只白鹿，终日相随，故人称白鹿先生。后来李渤就任江州（今九江）刺史，旧地重游，于此修建亭台楼阁，疏引山泉，种植花木，成为一处游览胜地。由于这里山峰回合，形如一洞，故取名为白鹿洞。至五代南唐升元年间，曾在此建立"庐山国学"，这算是白鹿洞书院的前身。宋代初年，经扩充改建为书院，并正式定名为"白鹿洞书院"。当时有士子数十百人，与岳麓、睢阳、石鼓等，并称为天下四大书院。但是由于战乱、失修等原因，到了南宋时期，白鹿洞书院已经荒废成了一片残垣瓦砾。

南宋淳熙五年（1178年），朱熹受命出任南康知军，在游览时，他发现了白鹿洞书院的遗址，"累年于今，基地埋没，近因搜访，乃复得之。窃惟庐山山水之胜甲于东南，老、佛之居以百十数。中间虽有废坏，今日鲜不兴葺。独此一洞，乃前贤旧隐儒学精舍，又蒙圣朝恩赐褒显，所以惠养一方之士，德意甚厚。顾乃废坏不修，至于如此，长民之吏，不得不任其责。"[1]

朱熹感慨当年兴盛闻名的书院竟然荒芜破落，杂草丛生，并发现白鹿洞这个地方"山川环合，草木秀润，真闲燕讲学之区"，决定加以修复。但是朱熹修复白鹿洞书院的过程并非一帆风顺。当时反对者认为，国家已经花费很大精力在各地兴建官学，没有必要再创办书院。对此，朱熹力排众议，一再上本朝廷，坚持重建白鹿洞书院。在重建的理由中，他强调重视儒学是前代

---

[1] 朱杰人，严佐之，刘永翔.《朱子全书》[M].第二十一册，《朱文公文集（贰）·卷二十·申修白鹿洞书院状》.上海：上海古籍出版社，合肥：安徽教育出版社，2002.905.

的传统，虽然各地已经有地方官学，但是相比较四处林立的禅林寺院来说，儒家的教育机构显得太少。在呈报朝廷的《白鹿洞牒》中朱熹阐述道："至于儒生旧馆，只此一处，既是前朝名贤古迹，又蒙皇帝给赐经书，所以教养一方之士，德意甚美，而一废累年，不复振起，吾道之衰既可悼惧，而太宗皇帝敦化育才之意，亦着于此邦，以传于世。"在朱熹的努力下，宋孝宗终于批准重建白鹿洞书院。在得到官方批准后，朱熹全力进行书院的兴建。虽然当时财政困难，但仍然集资筹款建起 20 余间屋宇。为了维持书院的"持久"发展，朱熹又筹集资金购置学田。为了增加书院的藏书，朱熹曾发文各地征集图书。朱熹在公务之余，亲自担任白鹿洞洞主，自为导师，亲自讲学，同时还邀请几个朱门弟子执教。在朱熹的影响下，远近诸生闻风而至。朱熹在白鹿洞书院开展了多种形式的教学活动。包括"升堂讲学"、"互相切磋"、"质疑问难"、"展礼"等，而以学徒认真读书、自行理会为主要形式。朱熹修复白鹿洞书院，对后世乃至今天影响最大的莫过于他制定了《白鹿洞书院揭示》，确立了学子学习的目的和方法。

（二）《白鹿洞书院揭示》内涵解读

淳熙七年（1180 年），白鹿洞书院重建"喜初成"，朱熹作为南康军长官，率僚属及院中师生行开学礼，升堂讲说《中庸》首章，并取圣贤教人为学之大端，揭示于门楣之间，作为院中诸君共同遵守的学规，这就是著名的《白鹿洞书院揭示》。全文如下[1]：

父子有亲，君臣有义，夫妇有别，长幼有序，朋友有信。

右五教之目。尧、舜使契为司徒，敬敷五教，即此是也。学者，学此而已。而其所以为学之序，亦有五焉，其别如左：

博学之，审问之，慎思之，明辨之，笃行之。

右为学之序。学、问、思、辨四者，所以穷理也。若夫笃行之事，则自修

---

[1]　朱杰人，严佐之，刘永翔.《朱子全书》[M].第二十四册，《朱文公全集（伍）·卷七十四·白鹿洞书院揭示》.上海：上海古籍出版社，合肥：安徽教育出版社，2002.3586-3587.

身以至于处事、接物，亦各有要，其别如左：

言忠信，行笃敬，惩忿窒欲，迁善改过。

右修身之要。

正其义，不谋其利。明其道，不计其功。

右处事之要。

己所不欲，勿施于人。行有不得，反求诸己。

右接物之要。

熹窃观古昔圣贤所以教人为学之意，莫非使之讲明义理，以修其身，然后推以及人，非徒欲其务记览为词章，以钓声名取利禄而已也。今人之为学者，则既反是矣。然圣贤所以教人之法，具存于经，有志之士，固当熟读深思而问辨之。

苟知其理之当然，而责其身以必然，则夫规矩禁防之具，岂待他人设之而后有所持循哉！近世于学有规，其待学者为已浅矣，而其为法，又未必古人之意也。故今不复以施于此堂。而特取凡圣贤所以教人为学之大端，条列如右，而揭之楣间。诸君其相与讲明遵守，而责之于身焉，则夫思虑云为之际，其所以戒谨而恐惧者，必有严于彼者矣。其有不然，而或出于此言之所弃，则彼所谓规者必将取之，固不得而略也。诸君其亦念之哉！

学规是儒家经典中的精要，朱熹通过儒学经典阐发出自己倡导的为学目的、为学的顺序、修身的方法、日常处事的原则和与人相处时的方法。《揭示》集儒家经典语句而成，便于记诵。首先，它提出了教育的根本任务，是让学生明确"义理"，并把它见之于身心修养，以达到自觉遵守的最终目的。其次，它要求学生按学、问、思、辨的"为学之序"去"穷理""笃行"。再次，它指明了修身、处事、接物之要，作为实际生活与思想教育的准绳。

《揭示》一经问世，由于朱熹的推广，不少书院纷纷仿效，元代以后更把白鹿洞的学规奉为圭臬。正如明代顾宪成在他的东林会约中曾说："朱子白鹿洞书院的教条，实在是至善、至美了。读书人要为善为贤，岂能越得出这个范围，我们在东林书院所学的，也只是讲明了它的道理而加以实行罢了。"[1] 这些都是儒家道德修养的基本原则和方法，概括了我国儒家教育的精神，成为以后历代教育的规范。

（三）《白鹿洞书院揭示》提倡的教育理念

1. 非功利重人伦的教育目的

朱熹修复白鹿洞书院，一方面是想恢复著名书院的往日兴盛，另一方面是对当时的官学不满。北宋建国伊始，重视科举取士，提高了科举考试的地位，并大幅度增加了通过科举录取的比重。与此同时，完善了从中央到地方的官学教育体系，教育比前代更为兴盛。但是重视科举带来的教育弊病是使官学逐渐成为科举考试的附庸，学子求学的目的越来越偏离学问本身而趋向功利之学。当时的士人"所以求于书，不越乎记诵、训诂、文词之间，以钓声名，干利禄而已"，完全违背了"先王之学以明人伦为本"的本意。朱熹在《学校贡举私议》中尖锐地批评了官学，指出："太学者但为声利之场"，"师生相视漠然如行路之人。间相以言，亦未尝开之以德行道艺之实"。朱熹和当时的学者认识到官学教育的这种弊病，纷纷想通过私人讲学，恢复研习学问的内圣外王的目的。朱熹认为教育首先要培养学者有正确的求学及为人的动机，如此才能很自然地"推己及人"。朱熹认为学者学习的最终目的是恢复儒家伦常，即"父子有亲，君臣有义，夫妇有别，长幼有序，朋友有信"。这"五教之目"出自《礼记·中庸》："天下之达道五，所以行之者三。曰：君臣也，父子也，夫妇也，昆弟也，朋友之交也，五者，天下之达道也。"朱熹十分重视通过学习恢复和建立儒家伦常，后面的"处事之要""修身之要""接物之要"都是紧紧围绕德育为中心。不仅在《揭示》中，在其他的一些相关文献中，朱熹围绕德育的问题，也曾展开过分析与论述。他认为当时的学校教育已经偏离了教育的"本意"："国家建立学校之官，遍于郡国，盖所以幸教天下之士，使之知所以修身、齐家、治国、平天下之道而待朝廷之用也。此其德意，可谓厚矣。然学不

[1]　陈元晖，尹德新，王炳照.中国古代的书院制度[M].上海：上海教育出版社，1981.97.

素明，法不素备，选用乎上者以科目词艺为足以得人，受任乎下者以规绳课试为足以尽职。盖在上者不知所以为人师之德，而在下者不知所以为人师之道，是以学校之官虽遍天下，而游其间者不过以追时好、取世资为事。至于所谓修身、齐家、治国、平天下之道，则寂乎其未有闻也。是岂国家所为立学教人之本意哉？"[1] 对于教育的本意，应该在于"立德"："必立德行之科者，德行之于人大矣。然其实则皆人性所固有，人道所当为。以其得之于心，故谓之德；以其行之于身，故谓之行。非固有所作为增益而欲为观听之美也。士诚知用力于此，则不唯可以修身，而推之可以治人，又可以及夫天下国家。故古之教者莫不以是为先。"[2]

立德是教育的根基，也就是先学习为人才能治人做事。朱熹一直强调立德，恢复伦常的重要性，与北宋时期几次改革及当时的学风有关。北宋时期，一直试图通过改革达到富国强兵。前有仁宗时的庆历新政尝试改革，后有神宗熙宁元丰时期王安石进行了更大范围更为彻底的改革。徽宗时期崇宁变法又继续进行变革。但是，这三次大的社会变革虽然目的是要解决时弊，增强国力，去除边防危机，所采取的经济和军事措施在短时间里也有所成效，但是从长远来看，这些改革在后人看来，弊大于利。南宋时期，学者们认为宋王朝的靖康耻，迁都临安很大程度上源于王安石等人的变法。尤其是理学家对王安石的批判尤为严厉。在理学家看来，变法的最大弊端是通过利益诱惑人，致使官僚为了取得政绩，歪曲政策本意，更大程度地加剧了社会问题。在理学家看来，本不立，也就是不能做到儒家要求的修身立德的话，再好的政策也会因人而废，相反，如果官员士大夫能自觉遵守修身安己、推己及人的道德原则，有问题的政策也会被修正。因此，教育的最终目的是修身，修身的最终目的是建立和谐的、人人各安其位的人伦社会，而在社会人伦中，君臣、父子、夫妇、兄弟、朋友五伦是最重要的。这五种关系安稳了，小家和谐，整个社会也就和谐安定

[1] 朱杰人，严佐之，刘永翔.《朱子全书》[M].第二十四册，《朱文公全集（伍）　卷七十五　送李伯谏序》.上海：上海古籍出版社，合肥：安徽教育出版社，2002.3637.

[2] 朱杰人，严佐之，刘永翔.《朱子全书》[M].第二十三册，《朱文公文集（肆）　卷六十九　学校贡举私议》.上海：上海古籍出版社，合肥：安徽教育出版社，2002.3357.

了，因此儒家一直重视以家庭为单位的伦常教育。

以五目为中心，其后的"处事之要""修身之要""接物之要"都是紧紧围绕德育为中心的。《揭示》在儒家的"八条目"当中，"修身"也处于中心地位，"修身"不仅是"格物""致知""诚意""正心"的目的，同时又是"齐家""治国""平天下"的出发点。在朱熹看来，要明白封建纲常的"义理"，要懂得"处事之要""接物之要"，以达到"修身之要"，完成"修身"的目标。

2. 《揭示》的影响

随着理学地位的上升和正统化，《白鹿洞书院揭示》在南宋理宗时期成为官方颁布的学规楷模。绍熙五年（1194 年），朱熹应召潭州（今湖南省长沙市）知州，重振岳麓书院，将该学规移录其中，史称《朱子教条》。朱熹逝世后，其门人刘爚（时为国子监司业）于嘉定五年（1212 年）奏请宁宗皇帝，"请刊行所注《学》《庸》《语》《孟》以备劝讲，正君定国……又请以熹《白鹿洞规》示太学，取熹《四书集注》刊行之"。[1] 宁宗许之，朱子《揭示》即成为太学的学规。淳祐元年（1241 年）正月，南宋理宗赵昀在视察太学时，"亲书朱熹《白鹿洞规》赐焉"。[2] 此后，这个《揭示》作为御颁的学规，成为全国各类学校共同遵行的教育指导方针。[3]

宋之后，各地的书院学规也纷纷借鉴朱熹的《揭示》。如明代的东林书院学规在《揭示》的基础上进行拓展。万历年间顾宪成制定的《东林会约》，"饬四要"第一条曰知本。"知本云何？本者，性也，学以尽性也，尽性必自识性始。性不识，难以语尽性不尽，难以吾学。吾绎朱子《白鹿洞规》，性学也，不可不察也。是故父子亲矣，君臣义矣，夫妇别矣，长幼序矣，朋友信矣"。其他条目"立志""尊经""审己"。顾宪成自称："愚所条具，大都就《白鹿洞规》引而伸之耳。非能有以益之也。退而思之，更发深感。"此后，如清雍正元年

[1] 《宋史·刘爚传》

[2] 《续文献通考·卷四》

[3] 张品端.《白鹿洞书院揭示》在日本的流传及其影响[J].集美大学学报（哲学社会科学版），2007,(2):10.

（1723 年），两江总督查弼纳倡建南京钟山书院，选通省士子肄业其中，延师教训，月给廪饩，世宗御赐"敦崇实学"额。十一年赐帑金千两，定为省城书院。乾隆元年（1736 年），总督尹继善勒石《白鹿洞规条》和《分年读书法》于讲堂。乾隆二年（1737 年），河南大梁书院也刊刻《揭示》。巡抚尹会一祀河南先贤 45 人于讲堂，又刊刻朱熹《白鹿洞书院揭示》及程端礼《读书分年日程》悬于课斋。

可以说，在清末书院改制为新式学堂前，朱熹的《揭示》一直是全国诸多书院尊奉的学规学则。几百年的影响，不可谓不深远广泛。

除了对我国教育几百年的影响，《揭示》对日本、朝鲜等周边国家也产生了深远的影响。如在日本，朱子学在德川时期已经成为正统意识，并长达 270 多年之久，成为日本人的道德规范和民族伦理的重要内容。对《揭示》的研究十分广泛。朱子学作为德川时期的官方哲学，对日本文化教育事业的发展产生了积极的影响。朱子《揭示》不仅成为日本书院制定学规的蓝本，而且也被日本藩校和乡学，作为学校师生共同遵守的行为准则。[1]

及至近代，朱子《揭示》仍然自发地在日本一些学校保持着原有的活力。日本一些藩校和乡学不仅讲堂悬挂朱子《揭示》，而且进行齐诵和讲论朱子《揭示》内容，并作为师生共同遵循的行为准则。如冈山藩乡学闲谷学校在明治维新之后，已经没有日常教学活动，仅作为历史遗迹保存，但讲堂上一直还悬挂着刻有《朱文公学规》的木板。据说，该校的习艺斋每月朔日（即农历初一）都要进行朱子《揭示》的讲义，而且允许附近村里的老百姓来听讲。备中江原的乡学兴让馆由首任教授阪谷朗庐倡导的齐诵朱子《揭示》这个传统遵行一百余年而不坠。曾任该校校长的山下五树先生说："白鹿洞学规是我们办学的宗旨"。明治维新后，兴让馆已成为有学生近千名的私立高等学校，齐诵朱子《揭示》除在晨礼时进行外，在开学典礼、毕业典礼和校友会等学校各种纪念活动中仍坚持先齐诵朱子《揭示》，之后才开始其他活动。该校对新生还准备了如名片大小的《白鹿洞书院揭示书》（汉白话文）和《白鹿洞书院揭示解说书》，

─────────────

[1] 张品端.《白鹿洞书院揭示》在日本的流传及其影响[J].集美大学学报（哲学社会科学版），2007,(2):12.

入学第一次讲论朱子《揭示》时发给新生。[1]

《白鹿洞书院揭示》不仅是朱熹的教育思想，更是代表了整个儒学的精髓。《揭示》是儒家经典的精选，简单而有体系，不仅指导士子为学也指引如何修身、接物。在传播中，从原初的书院学规逐渐演变成各级各类学校共同遵守的教育精神，其影响也从学校扩展到整个社会。

五、《家训》《家礼》

家庭教育是一种最基本的教育形式，尤其在我国古代，家庭教育在一个人所受教育中占有重要比重。学校教育只是教育的一个短暂的阶段，但家庭教育则伴随人的一生。并且，学校教育受身份、年龄、性别、职业等诸多因素的影响，受众者人数占整个社会群体的极少数，但是家庭教育则是所有的家庭，所有的个体都能接受到的教育形式。作为一种普世的教育形式，好的家庭教育理念不仅对一个家庭，一个家族，甚至对整个民族都有着至关重要的影响。我国自古以来就有注重家庭教育的传统，长久以来，我国留下了许多家训、家诫、家范以及治家格言和其他一些教子诗文。朱熹作为我国封建社会历史上"致广大、尽精微、综罗百代"的伟大哲学家、思想家、教育家，他的家庭教育思想，是一份不可多得的宝贵历史遗产。朱熹十分推崇《礼记·大学》，提到："欲治其国，先齐其家。"认为治家是治国的基础，因此，他着力发展儒学，继承古代家庭"德教为本"的传统，十分重视家庭的伦理教化。在著作中，《家训》《家礼》是其治家思想的代表。下文分别介绍这两篇文献。

（一）《家训》《家礼》成文简介

家训，是中国传统文化的重要组成部分，也是家谱中的重要组成部分，它在中国历史上对个人的修身、齐家发挥着重要的作用。家训文化成熟于隋唐，

[1]　张品端.《白鹿洞书院揭示》在日本的流传及其影响[J].集美大学学报（哲学社会科学版），2007,(2).14.

至宋代达到它的繁荣时期。宋代家训的文献积累非常丰富，上至帝王，中至士大夫，下至平民百姓，层次范围之广，无论是数量还是内容上都有了新的突破。范质的《戒子从书》、司马光的《家范》、欧阳修的《欧阳文忠公书示子侄》、叶梦得的《石林家训》、袁采的《袁氏世范》、陆游的《放翁家训》、陆九韶的《居家正本》，这些名家名臣的家训大多传于后世，对后人的生活起到重要的指导作用。朱熹的《朱文公家训》也称作《朱子家训》，全文三百余字，精辟地阐明了修身、治家之道，被尊为千古"治家之经"。

朱子《家礼》是自南宋以来影响最为广泛的一部礼学著作。虽然学界对《家礼》是否为朱熹所著有所争议，但是从其影响来看，《家礼》在朱熹的名号下广泛传承并与朱熹在其他著作中所倡导的思想相符，本文遵从钱穆、束景南、陈来等人的观点，认为《家礼》是朱子所作确定无疑。

（二）《家训》《家礼》内容概述

1. 《朱子家训》

《朱子家训》短短 317 字，全篇精练地涵盖了个人在家庭和社会中应该承担的责任和义务。全文如下[1]：

父之所贵者，慈也。子之所贵者，孝也。君之所贵者，仁也。臣之所贵者，忠也。兄之所贵者，爱也。弟之所贵者，敬也。夫之所贵者，和也。妇之所贵者，柔也。事师长，贵乎礼也，交朋友，贵乎信也。

见老者，敬之；见幼者，爱之。有德者，年虽下于我，我必尊之；不肖者，年虽高于我，我必远之。慎勿谈人之短，切勿矜己之长。仇者以义解之，怨者以直报之，人有小过，含容而忍之；人有大过，以理而责。勿以善小而不为，勿以恶小而为之。人有恶，则掩之；人有善，则扬之。

处公无私仇，治家无私法。勿损人而利己，勿妒贤而嫉能。勿逞忿而报横逆，勿非理而害物命。见不义之财勿取，遇合义之事则从。诗书不可不学，礼义

---

[1] 朱杰人，严佐之，刘永翔.《朱子全书》[M].第二十六册，《朱子佚文辑录　朱子遗集》.上海：上海古籍出版社，合肥：安徽教育出版社，2002.742-743.

不可不知。子孙不可不教，婢仆不可不恤。守我之分者，礼也；听我之命者，天也。人能如是，天必相之。此乃日用常行之道，若衣服之于身体，饮食之于口腹，不可一日无也，可不慎哉！

朱熹在《家训》中，首先强调的仍然是他一再强调的人伦。做人最重要的是各自安守自己的本分。作为国君，所珍贵的是"仁"，爱护人民。作为人臣，所珍贵的是"忠"，忠君爱国。当父亲所珍贵的是"慈"，疼爱子女。当儿子所珍贵的是"孝"，孝顺父母。当兄长所珍贵的是"友"，爱护弟弟。当弟弟所珍贵的是"恭"，尊敬兄长。当丈夫所珍贵的是"和"，对妻子和睦。当妻子所珍贵的是"柔"，对丈夫温顺。侍奉师长要有礼貌，交朋友应当重视信用。

对于处理家庭一般的人际关系，朱熹倡导尊老爱幼，重德敬贤。遇见老人要尊敬，遇见小孩要爱护。有德行的人，即使年纪比自己小，也一定尊敬他。品行不端的人，即使年纪比自己大，也一定远离他。不要随便议论别人的缺点；切莫夸耀自己的长处。对有仇隙的人，用讲事实摆道理的办法来解除仇隙。对埋怨自己的人，要用坦诚正直的态度来对待他。不论是得意或顺意或困难逆境，都要平静安详，不动感情。别人有小过失，要谅解容忍，别人有大错误，要用道理劝导帮助他。不要因为是细小的好事就不去做，不要因为是细小的坏事就去做。别人做了坏事，应该帮助他改过，而不要宣扬他的恶行。别人做了好事，应该多加表扬。

待人办事没有私人仇怨，治理家务不要另立私法。不要做损人利己的事，不要妒忌贤才和嫉视有能力的人。不要声言忿愤对待蛮不讲理的人，不要违反正当事理而随便伤害人和动物的生命。不要接受不义的财物，遇到合理的事物要拥护。不可不勤读诗书，不可不懂得礼义。子孙一定要教育，童仆一定要怜恤。一定要尊敬有德行有学识的人，扶助有困难的人。这些都是做人应该懂得的道理，每个人尽本分去做才符合"礼"的标准。这样做也就完成天地万物赋予我们的使命，顺乎"天命"的道理法则。

《家训》中处处都显示出朱熹所尊崇的儒家人伦礼常，同时也有他做人做事讲求天理，不因身份而更改事理的原则。《家训》文句工整对仗，言辞清晰流畅，具有极强的感召力和深厚的人生智慧。流传较广，影响远大，是朱熹一生做人、治家、教育后代的经验总结，一生心血的高度结晶，是元、明、清三代及近代家庭教育的好教材。它以朴实精辟的语言，从君臣、父子、兄弟、夫妇、朋友、长幼、主仆等之间的伦理关系出发，提出了每一个人在家庭、社会中所充当的角色和应尽的伦理道德责任和义务，言辞恳挚、明白、畅达，具有极强的感召力。

《朱子家训》在今天经常与朱柏庐所写的《治家格言》相混淆。朱柏庐被认为是朱熹的嫡系子孙，是明末清初的著名理学家，清初居乡教授学生，治学用程、朱为本，提倡知行并进。其《治家格言》世称《朱子家训》，清至民国年间一度成为童蒙必读课本之一，影响深远。现也摘录如下：

黎明即起，洒扫庭除，要内外整洁。既昏便息，关锁门户，必亲自检点。一粥一饭，当思来处不易。半丝半缕，恒念物力维艰。宜未雨而绸缪，毋临渴而掘井。自奉必须俭约，宴客切勿留连。器具质而洁，瓦缶胜金玉。饮食约而精，园蔬胜珍馐。勿营华屋，勿谋良田。

三姑六婆，实淫盗之媒。婢美妾娇，非闺房之福。奴仆勿用俊美，妻妾切忌艳妆。祖宗虽远，祭祀不可不诚。子孙虽愚，经书不可不读。居身务期质朴，教子要有义方。勿贪意外之财，勿饮过量之酒。

与肩挑贸易，勿占便宜。见贫苦亲邻，须多温恤。刻薄成家，理无久享。伦常乖舛，立见消亡。兄弟叔侄，须分多润寡。长幼内外，宜法肃辞严。听妇言，乖骨肉，岂是丈夫？重资财，薄父母，不成人子。嫁女择佳婿，毋索重聘。娶媳求淑女，毋计厚奁。

见富贵而生谄容者，最可耻；遇贫穷而作骄态者，贱莫甚。居家戒争讼，讼则终凶。处世戒多言，言多必失。毋恃势力，而凌逼孤寡；勿贪口腹，而恣杀牲禽。乖僻自是，悔误必多。颓惰自甘，家道难成。狎昵恶少，久必受其累。屈志老成，急则可相依。轻听发言，安知非人之谮诉，当忍耐三思。因事相争，安知非我之不是，须平心暗想。

施惠勿念，受恩莫忘。凡事当留余地，得意不宜再往。人有喜庆，不可生妒嫉心。人有祸患，不可生喜幸心。善欲人见，不是真善；恶恐人知，便是大恶。见色而起淫心，报在妻女。匿怨而用暗箭，祸延子孙。

家门和顺，虽饔飧不继，亦有余欢。国课早完，即囊橐无余，自得至乐。读书志在圣贤，为官心存君国。守分安命，顺时听天。为人若此，庶乎近焉。

2.　《家礼》

《家礼》不同于中国历史上一般的家训、家诫之类重在为人品德修养方面的规定。《家礼》的内容，顾名思义，就是日常应用的家庭礼仪，主要是家庭生活诸方面，以及人生成长各时节所行的礼事，如饮食起居、男冠女笄、婚嫁丧葬、岁时祭祀等礼仪规范。《朱子家礼》详细地规范了人们居家的日常礼仪，系统、详尽地叙述了人们日常生活应该遵守的各方面礼仪，如饮食起居、婚嫁丧葬等都有非常具体的礼仪规范，《朱子家礼》作为家庭礼仪的标准在朱熹死后广传于世，而且非常明显地影响着中国近世社会的家庭结构与风俗礼仪。

《家礼》共五卷，依次为《通礼》《冠礼》《婚礼》《丧礼》《祭礼》。《通礼》中较为集中地体现朱熹《家礼》思想，下文主要介绍《通礼》篇。

（1）《通礼》

《通礼》包含《祠堂》《深衣制度》和《司马氏居家杂仪》三部分，据其自注："此篇所著皆所谓有家日用之常礼，不可一日而不修者。"故以"通礼"相贯。

作为家庭内祭告祖先的场所，祠堂最能体现"报本返始之心，尊祖敬宗之意"，因而"实有家名分之首，所以开业传世之本"，是整个家庭和家族活动的中心，所以被置于《家礼》篇端。这种性质的场所在当时一般称为家庙或影堂。我国的家庙制度由来已久，虽然形式上经历了多次演变，但始终都是一个家族的精神象征，在家族系统中与据重要地位。人们祭祀祖先、升官远行、冠婚丧葬举行仪式都要在这里进行，可以说祠堂是整个家族活动的中心，也是表明整个家族存在和维系家族团结的灵魂和纽带。据《家礼》描述，祠堂一般要单独"立于正寝之东"，或三间，或一间。如果地势狭窄，也可以放在正寝或正厅的东侧为龛。祠堂之内应设有四龛，包括高祖、曾祖、祖和祢（父）四代。

对于祠堂要非常重视，主人早晨要到祠堂焚香祭拜。"至正、朔、望则参"，正至朔望的前一天，家里家外都要洒扫齐整，每个神龛里都要摆一盘新的水果。在祭拜时主人、主妇诸兄弟等都有先后顺序。"俗节则献以时食"，凡是清明、寒食、重午、重阳等节日都要"问以蔬果，礼如正至朔日之仪"。门人记载朱熹"月朔，影堂荐酒果；望日，则荐茶；有时物，荐新而后食"。家里有人升官要参拜祠堂时，也有统一规定的祝词，在遇到不幸事件发生时也要先救祠堂，"或有水火盗贼，则先救祠堂"，可见祠堂在朱熹心中是非常重要的。

深衣是古代诸侯、大夫、士人的燕居之服，在当时并不流行。朱熹认为深衣是"平日之常服"而放在《通礼》部分。深衣是上衣下裳相连的一种礼服。它要有圆袂、方领、曲裾、黑缘、大带、缁冠、幅巾、黑履这些必不可少的组成部分。深衣供人们冠婚、祭祀、宴居、交际时穿用，也是死者的袭殓之具。虽然当时并不流行，但是朱熹严格按照以前的深衣标准，制作深衣，并且坚持常常穿戴。

《居家杂仪》大部分援引自司马光关于居家礼仪的著作。《家礼》收录时指出："此乃家居平日之事，所以正伦理、笃恩爱者，其本皆在于此。必能行此，然后其仪章度数有可观焉。"这部分内容能够体现一个人平时应遵守的礼仪，与我们今天生活最为贴近，现摘录如下[1]：

司马氏居家杂仪（此章本在昏礼之后。今按此乃家居平日之事，所以正伦理，笃恩爱者，其本皆在于此。必能行此，然后其仪章度数有可观焉。不然，则节文虽具，而本实无取，君子所不贵也。故亦列于首篇，使览者知所先焉）。

凡为家长，必谨守礼法，以御群子弟及家众。分之以职（谓使之掌仓廪厩库庖厨舍业田园之类），授之以事（谓朝夕所干，及非常之事），而责其成功。制财用之节，量入以为出。称家之有无，以给上下之衣食及吉凶之费，皆有品节，而莫不均壹。裁省冗费，禁止奢华，常须稍存盈余，以备不虞。

[1] 朱杰人，严佐之，刘永翔.《朱子全书》[M].第七册，《家礼》.上海：上海古籍出版社，合肥：安徽教育出版社，2002.880—886.

凡诸卑幼，事无大小，毋得专行。必咨禀于家长。（易曰：家人有严君焉，父母之谓也。安有严君在上，而其下敢直行自恣不顾者乎？虽非父母当时为家长者，亦当咨禀而行之，则号令出于一人，家政始可得而治矣。）

凡为子为妇者，毋得蓄私财，俸禄及田宅所入尽归之父母舅姑，当用则请而用之，不敢私假，不敢私与。（内则曰：子妇无私货，无私蓄，无私器，不敢私假，不敢私与。妇，或赐之饮食衣服布帛佩帨茝兰，则受而献诸舅姑，舅姑受之，则喜如新受赐，若反赐之，则辞不得命，如更受赐，藏之以待乏。郑康成曰：待舅姑之乏也，不得命者不见许也。又曰：妇若有私亲兄弟将与之，则必复请其故，赐而后与之。夫人子之身，父母之身也，身且不敢自有，况敢有私财乎？若父子异财，互相假借，则是有子富而父母贫者，父母饥而子饱者。贾谊所谓假父耰锄，虑有德色；母取箕帚，立而谇语。不孝不义，孰甚于此！茝，昌改切。耰，音忧。谇，音碎。）

凡子事父母（孙事祖父母同），妇事舅姑（孙妇亦同）。天欲明，咸起盥（音管，洗手也），漱栉（阻瑟切，梳头也），总（所以束发今之头（上须下巾）），具冠带（丈夫帽子衫带，妇人冠子背子）。昧爽（谓天明暗相交之际），适父母舅姑之所省问（丈夫唱喏，妇人道万福，仍问侍者，夜来安否？何如？侍者曰安，乃退。其或不安节，则侍者以告。此即礼之晨省也）。父母舅姑起，子供药物（药物乃关身之切务，人子当亲自检数调煮，供进不可但委婢仆。祸若有误，即其不测）。妇具晨羞（俗谓点心。易曰：在中馈。诗云：惟酒食是议。凡烹调饮膳，妇人之职也。近年妇女骄倨，皆不肯入庖厨，今纵不亲执刀匕，亦当检校监视，务令精洁）。供具毕，乃退，各从其事。将食，妇请所欲于家长（谓父母舅姑或当时家长也，卑幼各不得恣所欲），退具而共之。尊长举箸，子妇乃各退就食。丈夫妇人各设食于他所，依长幼而坐。其饮食必均壹。幼子又食于他所，亦依长幼席地而坐。男坐于左，女坐于右。及夕，食亦如之。既夜，父母舅姑将寝，则安置而退（丈夫唱喏，妇女道安置。此即礼之昏定也）。居间无事，则事于父母舅姑之所，容貌必恭，执事必谨，言语应对必下气怡声，出入起居必谨扶

71

卫之，不敢涕唾喧呼于父母舅姑之侧。父母舅姑不命之坐，不敢坐。不命之退，不敢退。

凡子受父母之命，必籍记而佩之，时省而速行之。事毕，则返命焉；或所命有不可行者，则和色柔声，具是非利害而白之，待父母之许，然后改之，若不许，苟于事无大害者，亦当曲从。若以父母之命为非而直行已志，虽所执皆是，犹为不顺之子，况未必是乎！

凡父母有过，下气怡色柔声以谏。谏若不入，起敬起孝，悦则复谏；不悦，与其得罪于乡党州闾，宁熟谏。父母怒不悦而挞之，流血不敢疾怨，起敬起孝。

凡为人子弟者，不敢以贵富加于父兄宗族（加，谓恃其富贵，不率卑幼之礼）。

凡为人子者，出必告，反必面。有宾客，不敢坐于正厅（有宾客，坐于书院。无书院则坐于厅之旁侧）。升降不敢由东阶，上下马不敢当厅，凡事不敢自拟于其父。

凡父母舅姑有疾，子妇无故不离侧。亲调尝药饵而供之。父母有疾，子色不满容。不戏笑，不宴游，舍置余事，专以迎医检方合药为务。疾已，复初（颜氏家训曰：父母有疾，子拜医以求药。盖以医者，亲之存亡所系，岂可傲忽也）。

凡子事父母，父母所爱亦当爱之，所敬亦当敬之，至于犬马尽然，而况于人乎。

凡子事父母，乐其心不违其志，乐其耳目，安其寝处，以其饮食忠养之，幼事长，贱事贵，皆放此。

凡子妇未敬未孝，不可遽有憎疾，姑教之，若不可教，然后怒之，若不可怒，然后笞之，屡笞而终不改，子放妇出，然亦不明言其犯礼也。子甚宜其妻，父母不悦，出。子不宜其妻，父母曰是，善事我子，行夫妇之礼焉，没身不衰。凡为宫室，必辨内外，深宫固门，内外不共井，不共浴室，不共厕。男治外事，女治内事，男子昼无故不处私室，妇人无故不窥中门。男子夜行以烛，妇人有故出中门必拥蔽其面（如盖头面帽之类）。男仆非有缮修及有大故（谓水火盗贼之类），不入中门，入中门，妇人必避之，不可避（亦谓如水火盗贼之类），亦必以袖遮其面。女仆无故不出中门，有故出中门，亦必拥蔽其面（虽小婢亦然）。

铃下苍头，但主通内外之言，传致内外之物，毋得辄升堂室，入庖厨。凡卑幼于尊长，晨亦省问，夜亦安置（丈夫唱喏，妇人道万福、安置）。坐而尊长过之，则起。出遇尊长于途，则下马。不见尊长经再宿以上，则再拜，五宿以上，则四拜。贺冬至正旦六拜，朔望四拜。凡拜数，或尊长临时减而止之，则从尊长之命。吾家同居宗族众多，冬正朔望聚于堂上（此假设南面之堂，若宅舍异制临时从宜），丈夫处左西上，妇人处右东上（左右谓家长之左右），皆北向，共为一列，各以长幼为序（妇以夫之长幼为序，不以身之长幼为序）。共拜家长毕，长兄立于门之左，长姊立于门之右，皆南向。诸弟妹以次拜讫，各就列。丈夫西上，妇人东上，共受卑幼拜（以宗族多，若人人致拜，则不胜烦劳，故同列共受之），受拜讫，先退。后辈立，受拜于门东西如前辈之仪。若卑幼自远方至，见尊长。遇尊长三人以上同处者，先共再拜，叙寒暄，问起居，讫，又三再拜而止（晨夜唱喏万福安置。若尊长三人以上同处，亦三而止，皆所以避烦也）。

凡受女婿及外甥拜，立而扶之（扶谓挡策）。外孙则立而受之可也。

凡节序及非时家宴，上寿于家长。卑幼盛服序立如朔望之仪，先再拜。子弟之最长者一人进立于家长之前，幼者一人搢笏执酒盏立于其左，一人搢笏执酒注立于其右，长者搢笏跪斟酒，祝曰："伏愿某官，备膺五福，保族宜家。"尊长饮毕，授幼者盏注，反其故处。长者出笏，俛伏兴，退，与卑幼皆再拜。家长命诸卑幼坐，皆再拜而坐，家长命侍者遍酢诸卑幼，诸卑幼皆起，序立如前，俱再拜就坐。饮讫，家长命易服，皆退易便服，缓复就座。

凡子始生，若为之求乳母，必择良家妇人稍温谨者（乳母不良，非惟败乱家法，兼令所饲之子性行亦类之）。子能食，饲之，教以右手。子能言，教之自名及唱喏万福安置。稍有知，则教之以恭敬尊长。有不识尊卑长幼者，则严词禁之（古有胎教，况于已生子。始生未有知，固举以礼，况于已有知。孔子曰：幼成若天性，习惯如自然。颜氏家训曰：教妇初来，教子婴孩。故于其始有知，不可不使之知尊卑长幼之礼。若侮詈父母殴击兄姊，父母不加诃禁反笑而奖之，彼既未辨好恶，谓礼当然，及其既长，习已成性，乃怒而禁之不可复制，于是父疾其子，子怒其父，残忍悖逆无所不至。盖父母无深识远虑不能防微杜渐，溺于小慈养成其恶故也）。六岁教之数（谓一十百千万），与方名（谓东西南北）。男子始习书字，女始习女工之小者。七岁男女不同席、不共食，始诵孝经、论语，虽女子亦宜诵之。自七岁以下谓之孺子，早寝晏起，食无时。八岁出入门户及即席饮食，必后长者。始教之以廉让，男子诵尚书，女子不出中门。九岁，男子诵春秋及诸史，始为之讲解，使晓义理。女子亦为之讲解论语孝经及列女传女戒之类，略晓大意。古之贤女，无不观图史以自鉴。如曹大家之徒，皆精通经术议论明正。今人或教女子以作歌诗，执俗乐，殊非所宜也！十岁，男子出就外傅，居宿于外，读诗礼传，为之讲解，使知仁义礼智信，自是以往可以读孟荀扬子，博观群书。凡读书必择其精要者而读之，如礼记，学记大学中庸乐记之类。它书放此。其异端非圣贤之书傅，宜禁之，勿使妄观，以惑乱其志。观书皆通，始可学文辞。女子则教以婉娩（娩，音晚，婉娩柔顺貌）、听从，及女工之大者（女工谓蚕桑织绩裁缝，及为饮膳。不惟正是妇人之职，兼欲使之知衣食所来之艰难，不敢恣为奢丽。至于纂组华巧之物，亦不必习也）。未冠笄者，质明而起，总角靧（靧，音悔，洗面也）面，以见尊长，佐长者。供食祭祀，则佐执酒食。若既冠笄，则皆责以成人之礼，不得复言童幼矣。

《杂仪》首先对家长的责任进行了规定："凡为家长，必谨守礼法，以御群子弟及家众。分之以职，授之以事，而责其成功。制财用之节，量入以为出。称家之有无，以给上下之衣食及吉凶之费，皆有品节，而莫不均壹。裁省冗费，禁止奢华，常须稍存盈余，以备不虞。"[1]可见它对家长本身有严格的要求，要严于律己，凡事谨遵礼法。对于妇孺仆人，"凡诸卑幼，事无大小，毋得专行。必咨禀于家长。"对子女的要求更是严格，"凡为子为妇者，毋得蓄私财，俸禄及田宅所入尽归之父母舅姑，当用则请而用之，不敢私假，不敢私与。"使得子女都处于从属地位。

《杂仪》篇对当时的儿童教育进行了详尽的描述。

[1] 朱杰人，严佐之，刘永翔.《朱子全书》[M].第七册,《家礼》.上海:上海古籍出版社,合肥:安徽教育出版社,2002.880-881.

从婴儿刚生下来时，就要注重选择性格温良谨慎的乳母，以防止婴儿"性行亦类之"。当儿童稍大些时，要注重规则的养成，如吃饭要用右手。开始学说话时，学习自己的名字和应答问好等语言。稍微懂事时，就开始教育长幼尊卑。如果不遵守长幼尊卑时，就要严厉禁止。这样做不是严厉，而是因为如《颜氏家训》中提到的，"教妇初来，教子婴孩"，对不好的行为如果在小的时候不禁止，儿童没有辨别是非的能力，很容易形成习惯，长大后再训斥禁止不仅很难改正，并且会产生怨恨。到了六岁时要教儿童简单的数字和方位方面的知识。这时男女的教育内容就开始分化，男童开始学习写字，女童则学习简单的女工。七岁开始，男女不再同席共食。七岁应该开始背诵《孝经》、《论语》，这两本经典女童也应该记诵。

在生活习惯上，七岁以下的儿童称为孺子，可以早睡晚起，吃饭不用定时。八岁开始则要形成饮食习惯，出入房门和吃饭时，一定要在长者之后。八岁开始进行廉让教育，男童记诵《尚书》，女童开始不出中门。九岁，男童记诵春秋和其他历史，并开始进行讲解，使儿童明白其中的道理。女童也要为之讲解《论语》《孝经》和《列女传》《女戒》等，使其知晓其中的大意。古代的贤女，都会根据经典上的图文为鉴。像曹大家[1]这样的贤女，都是精通经术，能够议论国家大事的。今人有的家长教女孩子作诗和音乐，其实并不适宜啊！

十岁时，男童就应该出外拜师学习，读《诗》《礼记》等，要进行讲解，使知道仁义礼智信这些道德品质。此后可以读孟子、荀子等诸子之书，博览群书。但读书一定要精选，如《礼记》□应该挑选读《学记》《大学》《中庸》《乐记》这样的精品。那些不是圣贤的书，是异端，容易惑乱心志，应该禁止，不让儿童观看。经书通晓后，才开始学习文辞方面的内容。这时女子要教温和柔顺的品德和女工之大者。还没有举行冠礼、笄礼，天一亮就起床，把头发梳成总角洗脸，然后再去见父母，服侍、协助长辈。端饭、祭祀的时候，就帮助端酒饭。如果已经到了戴簪子的年龄，就责成他们学习成人的礼节，不能再像儿时那样了。

---

[1]　曹大家即汉代班昭。班彪之女，班固、班超之妹。嫁曹世叔，早寡，屡受召入宫，为皇后及诸贵人教师，号曰"大家"。当时，人们把学识渊博、德高望重的妇女称为"大家"。家，通"姑"。

（2）《冠礼》《婚礼》《丧礼》和《祭礼》简介

以下简要介绍《通礼》外的其他四种家礼。

冠礼即古人的成人礼。冠礼是指男子把头发挽起来戴上冠。《冠礼》包括两章分别是"冠""笄""冠者礼之始也"，它意味着作为人子、人弟、人臣的责任正式担负起来，所以礼仪的举行是非常重要的。

冠礼制度在宋代时实际上已经荒废，司马光曾说："冠礼之废久矣。近世以来，人情尤为轻薄，生子犹饮乳。已加巾帽，有官者或为之制公服而弄之。过十岁犹总角者盖鲜矣。彼责以四者之行，岂能知之? 故往往自幼至长，愚骏如一，由不知成人之道故也。"废除冠礼，使得人情轻薄，自幼至长不知成人之道。当时的学者主张要在全社会复兴冠、婚、丧、祭等礼仪，以此弘扬儒家文化传统。因此，司马光在其《书仪》中，制订了冠礼的仪式：男子年十二至二十岁，只要父母没有期以上之丧，就可以行冠礼。朱熹认同司马光的观点，认为古人 20 岁才举行冠礼，但是宋代的男子在 15 岁时已经能通孝经论语，大概能知道什么叫作礼义，所以可以举行冠礼。《朱子家礼》的笄礼与《书仪》大体相同。女子许嫁，即可行笄礼。如果年已十五，即使没有许嫁，也可以行笄礼。

在宋代以前，依照古礼，婚姻嫁娶要经过纳采（送礼、求亲）、问名（询问女子姓名、生辰）、纳吉（到女方家送礼、订婚）、纳证（男方向女方送聘礼、请期（定婚期）、亲迎（成婚）等环节，古称六礼。《朱子家礼》根据从俗从简的原则将婚礼以前繁冗的六礼变为三礼——纳采、纳币、亲迎。

对于男女适合结婚的年龄,朱熹同意司马光的观点,认为男子 16 岁到 30 岁,女子 14 岁到 20 岁是适婚年龄。纳采就是男方欲与女方结亲，请媒妁往女方提亲，得到应允后，再请媒妁正式向女家纳"采择之礼"。纳采首先要告于祠堂，如同冠礼一样有一定的祝词，必须是宗子来念祝词，如果是宗子自己结婚同样还是要自己来念。然后与使者见面，之后共同告于祠堂。正式确定两家关系，结为姻亲。纳币就是男方向女方送聘礼。"币用色绘，贫富随宜，少不过两，多不逾十。今人更用钗钏、羊酒、果实之属亦可"。彩礼的多少根据自身情况而定，并且彩礼不一定局限在金银上，用羊酒、果实之类的亦可代替。体现了其灵活性和应变性，也是民间百姓风行和推广的主要因素。亲迎，俗称"迎亲"。新婿亲往女家迎娶新娘的仪式。通常是男家将婚期通知女家后，到成婚日，由新郎亲自到女家迎接新娘，也有由男家派遣迎亲队伍迎娶，新郎在家等候。"前期一日，女氏使人张陈其婿之室"，新婿当天要穿着盛服迎接新妇。像纳采仪式一样都要告于祠堂，祝词同前。然后乘马至女家，女方同样要告于祠堂，之后女方宗主在门外迎接新婿，男方同样要拜尊长。接着女子在挽扶下出中门，登新车。"至其家，导妇以入"，到婆家之后，由人引进家门。新人交拜之后拜尊长。之后就是宴请宾客，男宾在外厅，女宾在中堂。"明日夙兴，妇见于舅姑"，第二天早起还要拜会舅姑，参拜祠堂。还有之后回门等等礼节，非常具体地规定了什么时候该干什么，什么时候怎么做。如对于夫妻交拜的做法是"妇从者布婿席于东方，须从者布妇席于西方。婿盥于南，妇从者沃之，进帨。妇盥于北，婿从者沃之，进帨。婿揖妇，就席，妇拜，婿答拜"。这些礼仪几百年来基本的程序都没有发生大的变化。

《丧礼》是《朱子家礼》中最繁杂的一部分。《朱子家礼》中关于丧礼的具体细节礼仪多达 21 章之多，详详细细地记载了从头到尾丧礼应履行的礼仪制度。这与儒家注重养生送死是人应尽的孝道有关。所以丧礼相关细节的礼仪更是受到重视。在这篇修订中，朱熹更是耗尽心力，斟酌古礼，从俗随宜，每一篇的设置都有其用意。在初终时，要将其移入正寝，内外安静，等到气绝。长子嫡孙要披麻戴孝，与宾客为礼，妻子妇妾要除去华服，披发除冠。置办棺材时，棺材里要铺沥青，厚半寸以上，再铺上炼熟的秫米灰，厚四寸，加上七星板底。发讣告于亲戚朋友，陈设灵堂等具体条例规矩不再做赘述。

《朱子家礼》中的《祭礼》部分较为简明，分为六部分——四时祭、初祖祭、先祖祭、祢祭、忌日祭和墓祭。虽然名目不同，但是祭祀的礼仪相差不多。四时祭一般指"以元日、寒食、春秋分、冬夏至，为四时祭之节"。四时祭与俗祭并用，俗祭指一些世俗节日（如清明、端午、重阳）进行的祭祀。四代祖包括高、曾、祖、考四位；冬至祭始祖即初祖；立春祭先祖即始祖之下、高祖以上；季秋祭祢即考；忌日之祭；清明墓祭。在行四时祭祀之礼的前三天要斋戒，"主人帅众丈夫致斋于外。主妇帅众妇女致斋于内。沐浴更衣，饮酒不得至乱，食肉不得茹荤。不吊丧，不听乐，凡凶秽之事皆不得预。"提前一天摆设祭祀用的器皿；祭祀当天还要"省牲涤器具馔"，"每位果六品，菜蔬及脯醢各三品，肉鱼馒头糕各一盘，羹饭各一碗，肝各一串，肉各二串，务令精洁"。将肉鱼馒头等等摆放好，在开祭之前不得食用。之后按照规定先祭拜谁，后做什么都有一定规矩。之后的祭祀大体仪式相同。朱熹认为祭祀最主要是表达诚意，相对于祭品的丰富与否，仪式的规范与否，虔诚的态度是最重要的。

（三）《家训》《家礼》中的教育思想

1. 构建严慈并济及家长权威的家庭伦理

宋代以来，有"义庄"等大家族聚居形式，在宗法制度上对于众多族人更需要下大力气来管理，因此，家训、族规、家法等成为家长、族长等人严格管制子孙的重要途径之一。在大家族的管理中，我国一直有严格管理与慈爱养护的教育传统，朱熹的家庭教育思想中也一直秉持这一严慈并济的传统。但在这一平衡中，朱熹的《家礼》中更倾向家长权威的建构。

在基本的人伦定位中，朱熹在《家训》中认为父母对子女首先要慈爱，这是构建父慈子孝伦理的前提，"父之所贵者，慈也"。但是慈爱不是溺爱，溺爱便是害，失去了爱的意义。对子孙任意其放纵是不行的，所以朱熹指出："子孙不可不教也。"

但是，在严慈并济的同时，《家礼》突出宗子的地位，充分肯定父亲的权威。认为，"号令出于一人，家政始可得而治矣"。朱熹《家训》要求子女对父母要"孝"，"子之所贵者，孝也"。所谓"孝"，是指子女要善待父母，父母在世，子女要尊重、奉养；父母死后要葬之以礼，祭之以礼。朱熹强调的"孝"

是真心实意的孝，是子女为报答父母养育之恩而真诚情愿的付出。以上所说的是物质上对父母的关心，精神上亦是要如此：在父母面前要保持和气、愉色，平常要多问寒问暖，问疾问安等。同时，子女要善其本身，不要让父母操心，特别是要杜绝不孝的事情发生，如懒惰、赌博、打架等。但在朱熹孝的思想中，子女要绝对服从父母，"凡父母有过，下气怡色，柔声以谏。谏若不入，起敬起孝。悦，则复谏；不悦，与其得罪于乡党州间，宁熟谏。父母怒，不悦，而挞之流血，不敢疾怨，起敬起孝"，"凡子事父母，父母所爱，亦当爱之；所敬，亦当敬之"，"子甚宜其妻，父母不悦，出；子不宜其妻，父母曰：是善事我，子行夫妇之礼焉"。[1] 可见，在严慈并济的思想中，大家族的管理更强化了家长的权威。父慈子孝的平衡逐渐演变成子女无条件无原则地遵守家规家训。

2. 重视子女教育

重视子女教育一直是我国家庭教育的优良传统。孔子训诫儿子鲤，在庭院之中要求儿子伯鱼学《诗》、学《礼》，这成为朱熹训子的仿效模范。朱熹要求长子"早晚受业请益，随众例不得怠慢"。"盖汝若好学，在家足可读书作文，讲明义理，不待远离膝下，千里雁师。汝既涌如此，即是自不好学，已无可望之量。然今遣汝者，恐汝在家累于俗务，不得专意……"对于教育子女的态度上是一视同仁的，不因为自己从事教育和自己的名气而荒废了子女的学业，反而更以"勤谨"二字来严格要求子女。

在教育中，朱熹要求子女要"养德修身"。他在《家训》中指出："有德者虽年下于我，我必尊之；不肖者，虽年高于我，我必远之。"在朱熹看来，重视道德修身就同"衣服之于身体，饮食之于口腹，不可一日无也，不可不慎哉！"他还就如何重德修身提出了许多深含哲理的见解。他认为："人有恶，则掩之，人有善，则扬之。"这句话是指对别人善恶行为所持的态度，对行恶的人要抑制，对行善的人要宣传表扬。他还进一步指出："勿以善小而不为，勿以恶小而为之。"

---

[1]　杨志刚.《朱子家礼》：民间通用礼[J].传统文化与现代化, 1994,(4):43.

提倡注意小节，细心修养，才能达到高风亮节。朱熹还认为善心和恶念不可能同时存在于一个人的心灵河流中，人之所以有善恶之别，只是各自内心所禀的气有清浊厚薄之分。朱熹指出修炼清气的要诀："诗书不可不读，礼义不可不知。"诗书是指"圣贤"之书，如《诗》《书》《礼》《乐》《易》《春秋》等儒家典籍。礼义是指"孝悌诚敬"，是说孝敬老人，诚实做人。他认为读"圣书"才可以修德，识礼义才可以养气。人因读书而美丽，人因识礼而高雅，读书识礼，二者不可偏废。朱熹在《家训》中还指出："勿损人而利己""不义之财勿取，遇合理之事则从"，进一步阐述了做人的行为准则。在价值取向上，坚持以民为本，取利时决不能为个人利益而损害人民利益，也不能为了个人利益而违法损德，当个人利益与人民利益相冲突时，应当顺之人民利益。并在此基础上朱熹进一步深入拓展，他认为，对有知识素养的人要敬重，对有困难的人要帮助，这些都是做人的本分。[1]

《家礼》虽然重视子女教育，但是在男女教育内容上有严格的区分。又森严男女大防，女子受到诸多限制。它规定："男治外事，女治内事。男子昼无故不处私室，妇人无故不窥中门……妇人有故出中门，必拥蔽其面。"《家礼》阐述："七岁，男女不同席，不共食"，要求男子十岁以后学文辞，"女子则教以婉婉听从，及女工之大者"。以上一些思想虽非朱熹首创，但被其发展为治家要诀，广为流传，便格外发生威力。

3. 注重节俭的道德教育

《家礼》一书是朱子实践其"礼下庶人"思想、规范民间日常生活礼仪的代表性著作。《家礼》批判当时社会流行的奢侈风气，强调要依据社会等级来消费。

宋代商品经济繁盛，但是也带来了重利和奢侈的社会风气，在婚丧嫁娶等日常生活中也往往看重经济实力。司马光在《司马氏书仪·婚仪上》中这样揭露道："今世俗之贪鄙者，将娶妇，先问资装之厚薄；将嫁女，先问聘财之多少。"那些登科进士"娶妻论财，全乖礼义。衣冠之家，随所厚薄，则遣媒

---

[1] 朱守良.朱熹《家训》：从个人修养到民族文化[N].光明日报，2008,4,12.

妁往返，甚于乞丐，小不如意，弃而之它"。因此，"市井驵侩，出捐千金"，士人们便"贸贸而来，安以就之。"[1] 针对这样的社会风气，朱子在《家礼》开篇卷一《通礼》中就指出禁奢从礼的重要性，强调要依社会等级来消费。他告诫家长说："凡为家长，必谨守礼法，以御群子弟及家众。分之以职，授之以事，而责其成功，制财用之节，量入以为出，称家之有无以给，上下之衣食，及吉凶之费，皆有品节，而莫不均壹，裁省冗费，禁止奢华，常须稍有赢余，以备不虞。"婚姻是儒家视为人伦之始的重要人生礼仪，但在宋末，备受儒者关注的是社会上婚姻论财的奢侈风气的蔓延。《家礼》卷三《昏礼》指出："今世俗之贪鄙者，将娶妇，先问资装之厚薄；将嫁女，先问聘财之多少。至于立契约云，某物若干，某物若干，以求售其女者，亦有既嫁而复欺绐负约者，是乃驵侩卖婢鬻奴之法，岂得谓士大夫昏姻哉？"朱子看到女家苛索聘金，男方汲汲于妆奁，加上婚礼讲究排场，致使中产人家穷于应付，贫者或是不得良配，以致婚嫁失时，亲戚往往成为仇雠，使得社会上溺杀女婴盛行。朱子试图扭转社会的这种不良风气，他忧心忡忡地指出："凡议婚姻，当先察其婿与妇之性行，及家法如何？勿苟慕其富贵，婿苟贤矣，今虽贫贱，安知异时不富贵乎？苟为不肖，今虽富贵，安知异时不贫贱乎？妇者，家之所由盛衰也。苟慕其一时之富贵而娶之，彼挟其富贵，鲜有不轻其夫而傲其舅姑，养成骄妒之性，异日为患，庸有极乎？借使因妇财以致富，依妇之势以取贵，苟有丈夫之志气，能无愧乎？"卷四《丧礼》中朱子还对社会流行佛教丧葬礼给予强烈批判，他引司马光《居家杂仪》云："鬼神信报之说，由来无稽"，他认为与其倾家荡产为家人举行佛事，还是早日买田营办墓穴而葬之，并要求在棺中不要放置金玉珍玩，以免盗贼起心，从而大有损孝义。朱子认为不能拘泥于古礼内容，又反对社会上流行的奢侈的僭越行为，并强调其对世道人心的危害。[2] 在朱熹的《家礼》中，反复强调应该按照家庭的经济程度来执行礼法，如祠堂一般要单独"立于正寝之东"，或三间，或一间。如果地势狭窄，也可

[1]　《宋文鉴·卷六十一》

[2]　陈彩云.朱子《家礼》中的禁奢思想及对后世的影响[J].孔子研究，2006,(4).104.

以放在正寝或正厅的东侧为宜。对于祭品，也按照各自家庭的条件进行选择。这些在民间成为广泛遵守的原则。此外，明清以来，《家礼》还成为官方禁奢的重要依据，屡次被颁布推广，并在学校中广泛学习。如明朝正德年间，礼部尚书丘濬更是提出请将明成祖时颁刻的《家礼》责令有司颁行全国，以遏制民间奢侈风气的蔓延。他说"民间一遇昏嫁丧祭，富者倾资以为观美，贫者质贷以相企效，流俗之相尚，邪说之眩惑，遂至破产而流于荒淫邪诞之域。……有朱氏《家礼》一书，简易可行，乞敕有司，凡民间冠婚丧祭，一依此礼以行，有不行者，以违制论其守令。"[1]

六、《童蒙须知》《小学》

朱熹很重视儿童教育，一生中编著了许多很有影响的蒙养著作。早年就有《训蒙绝句》（也称《朱子训蒙诗百首》），公元 1163 年朱熹编完《论语要义》后，即在同年编辑了《论语训蒙口义》。此后又编著了《童蒙须知》《易学启蒙》《小学》等蒙养著作。对于蒙学读物，朱熹很注意质量，严格编写标准，毫不苟且，使这些蒙学读物成为与深奥的理学著述并行不悖的优秀辅助教材。他在《论语训蒙口义序》中说到编写该书"本末精粗，大小详略，无或敢偏废也"。在《朱子语类》中，也单独有一卷论述儿童教育，其中有许多著名的儿童教育思想。现选取《童蒙须知》《小学》，介绍朱熹的蒙学著作及其蒙学教育思想。

（一）《童蒙须知》《小学》成文

朱熹认为小学阶段是人形成行为习惯的时期。日常的饮食穿衣，举止言行都是教育的内容。这些行为习惯是日后穷理接物，研究高深学问的基础。《童蒙须知》序云："夫童蒙之学，始于衣服冠履，次及言语步趋，次及洒扫涓洁，次及读书写字，及有杂细事宜，皆所当知。……若其修身治心，事亲接物，与

---

[1] 陈彩云.朱子《家礼》中的禁奢思想及对后世的影响[J].孔子研究，2006,(4):105.

夫穷理尽性之要，自有圣贤共训，昭然可考，当次第晓达，兹不复详着云。"[1]全书从衣服冠履、语言步趋、西扫涓洁、读书写字、杂细事宜五个方面为儿童的日常行为制定了准则。规范严密，着眼小事，以就大理。《童蒙须知》里的许多材料选自《礼记》，但是言礼难以操作，朱熹又增加了许多与当时生活相贴近的内容，使得每一条的要求都明确具体，易于理解和实践。

《小学》是朱熹与其弟子刘清之合编。书的发凡起例出于朱熹，而类次编定则出于弟子刘清之。朱熹曰："后生初学，且看《小学》书，那个是做人的样子。"《小学》广泛地从经传史籍以及其他论著中采集有关忠君、孝宗、事长、守节、治家等内容的格言、训诫诗、故事等，汇集历代圣贤嘉言懿德编成。全书六卷，分内外两篇。内篇为《立教》《明伦》《敬身》《稽古》。外篇分两部分：《嘉言》《善行》。内篇以选录儒家经书为主，"萃十三经之精华"。外篇辑录历代贤德之士的嘉言和善行，"采十七史之纲要"。《稽古》《嘉言》和《善行》，均各有立教、明伦、敬身三纲目。稽古，按三个纲目记载夏商周三代时圣人贤者已行之迹；嘉言和善行则是按三个纲目记载汉以后贤者的嘉言善行：这三部分都是相对应地实证内篇的论述的。三个纲目中，最主要的是明伦。

朱熹的蒙学读本在当时和后世都产生了重要影响。程端蒙、董铢的《程董二先生学则》在内容上对《童蒙须知》借鉴颇多。《小学》不仅名重当世，且在其身后被历代朝廷、儒林推崇。元代理学家许衡曾诲子曰："《小学》、《四书》，吾敬信如神明……汝当继我长步，笃而好之也。"《小学》在明朝传入朝鲜，并被指定为朝鲜学校的基本教材，影响深远。

（二）《童蒙须知》《小学》内容简介

1.　《童蒙须知》原文[2]

夫童蒙之学，始于衣服冠履，次及言语步趋，次及洒扫涓洁，次及读书

---

[1]　朱杰人，严佐之，刘永翔.《朱子全书》[M].第十三册，《童蒙须知》.上海：上海古籍出版社，合肥：安徽教育出版社，2002.371.

[2]　朱杰人，严佐之，刘永翔.《朱子全书》[M].第十三册，《童蒙须知》.上海：上海古籍出版社，合肥：安徽教育出版社，2002.371—376.

写文字，及有杂细事宜，皆所当知。今逐目条列，名曰《童蒙须知》。若其修身、治心、事亲、接物，与夫穷理尽性之要，自有圣贤典训，昭然可考。当次第晓达，兹不复详著云。

衣服冠履第一

大抵为人，先要身体端整。自冠巾，衣服，鞋袜，皆须收拾爱护，常令洁净整齐。我先人常训子弟云："男子有三紧。谓头紧、腰紧、脚紧。"头，谓头巾。未冠者，总髻。腰，谓以条或带，束腰。脚，谓鞋袜，此三者，要紧束，不可宽慢。宽慢，则身体放肆，不端严，为人所轻贱矣。

凡著衣服，必先提整衿领，结两衽，纽带，不可令有阙落。饮食、照管，勿令污坏；行路、看顾，勿令泥渍。

凡脱衣服，必齐整折叠箱箧中。勿散乱顿放，则不为尘埃杂秽所污，仍易于寻取，不致散失。著衣既久，则不免垢腻，须要勤勤洗浣。破绽，则补缀之。尽补缀无害，只要完洁。

凡盥面，必以巾帨遮护衣领，卷束两袖，勿令有所湿。凡就劳役，必去上笼衣服，只著短便，爱护，勿使损污。凡日中所著衣服，夜卧必更，则不藏蚤虱，不即敝坏。苟能如此，则不但威仪可法，又可不费衣服。晏子一狐裘三十年，虽意在以俭化俗，亦其爱惜有道也，此最饬身之要。毋勿。

语言步趋第二

凡为人子弟，须是常低声下气，语言详缓，不可高言喧哄，浮言戏笑。父兄长上有所教督，但当低首听受，不可妄大议论。长上检责，或有过误，不可便自分解，姑且隐默。久，却徐徐细意条陈云，此事恐是如此，向者当是偶尔遗忘。或曰，当是偶尔思省未至。若尔，则无伤忤，事理自明。至于朋友分上，亦当如此。

凡闻人所为不善，下至婢仆违过，宜且包藏，不应便尔声言。当相告语，使其知改。

凡行步趋跄，须是端正，不可疾走跳踯。若父母长上有所唤召，却当疾走而前，不可舒缓。

洒扫涓洁第三

凡为人子弟，当洒扫居处之地，拂拭几案，当令洁净。文字笔砚，凡百器用，皆当严肃整齐，顿放有常处。取用既毕，复置元所。父兄长上坐起处，文字纸札之属，或有散乱，当加意整齐，不可辄自取用；凡借人文字，皆置簿抄录主名，及时取还。窗壁、几案、文字间，不可书字。前辈云：坏笔，污墨，瘝子弟职。书几书砚，自黥其面。此为最不雅洁，切宜深戒。

读书写文字第四

凡读书，须整顿几案。令洁净端正。将书册整齐顿放。正身体，对书册，详缓看字，仔细分明读之。须要读得字字响亮。不可误一字，不可少一字，不可多一字，不可倒一字，不可牵强暗记。只是要多诵遍数，自然上口，久远不忘。古人云："读书千遍，其义自见。"谓熟读，则不待解说，自晓其义也。余尝谓读书有三到：谓心到、眼到、口到。心不在此，则眼不看仔细。心眼既不专一，却只漫浪诵读，决不能记。记，亦不能久也。三到之法，心到最急。心既到矣，眼口岂不到乎？

凡书册，须要爱护，不可损污绉折。济阳江禄，书读未完，虽有急速，必待掩束整齐，然后起。此最为可法。

凡写文字，须高执墨锭，端正研磨，勿使墨汁污手。高执笔，双钩，端楷书字，不得令手指着毫。

凡写字，未问写得工拙如何，且要一笔一画，严正分明，不可潦草。凡写文字，须要仔细看本，不可差讹。

杂细事宜第五

凡子弟须要早起晏眠。凡喧哄争斗之处，不可近。无益之事，不可为。凡饮食，有则食之，无则不可思索。但粥饭充饥，不可阙。凡向火，勿迫近火旁。不惟举止不佳，且防焚爇衣服。凡相揖，必折腰。凡对父母长上朋友，必称名。凡称呼长上，不可以字，必云某丈。如弟行者，则云某姓某丈。凡出外，及归，必于长上前作揖。虽暂出，亦然。凡饮食于长上之前，必轻嚼缓咽，不可闻饮食之声。凡饮食之物，勿争较多少美恶。凡侍长者之侧，必正立拱手。有所问，则必诚实对。言不可妄。凡开门揭帘，须徐徐轻手，不可令震惊声响。凡众坐，必敛身，勿广占坐席。凡侍长上出行，必居路之右。住，必居左。凡饮酒，不可令至醉。凡如厕，必去外衣。下，必盥手。凡夜行，必以灯烛，无烛，则止。凡待婢仆，必端严，勿得与之嬉笑。执器皿，必端严，惟恐有失。凡危险不可近。凡道路遇长者，必正立拱手，疾趋而揖。凡夜卧，必用枕，勿以寝衣覆首。凡饮食举匙，必置箸。举箸，必置匙。食已，则置匙箸于案。

杂细事宜，品目甚多。姑举其略。然大概具矣。凡此五篇，若能遵守不违，自不失为谨愿之士。必又能读圣贤之书，恢大此心，进德修业，入于大贤君子之域，无不可者。汝曹宜勉之。

《童蒙须知》又名《训学斋规》，全篇分五个部分，衣服冠履第一，语言步趋第二，洒扫涓洁第三，读书写文第四，杂细事宜第五。

衣服冠履是人的外在形象，朱熹从此篇开始，教育子孙穿衣一是要认真，做到头紧、腰紧、脚紧，使得衣服规整，使身体气质不松懈，给人外在气质是庄严端正。其次是要对衣物爱护，保持整洁卫生。具体方法是折叠整齐，勤洗勤换，睡觉、劳动和洗漱时都要避免把衣服弄湿弄脏。并且，衣服不在于华贵，有破绽多补缀没关系，但一定要整洁。对衣服的态度可以体现节身之要。

在日常说话走路上，要时刻体现端正的态度。不能随便喧哗嬉笑，也不可以随便议论父兄长辈的教诲。如果长辈责训的有误，也不能当时就辩解，而要找机会说明白，只有这样才不忤逆长辈，事理自明。如果其他人和奴婢有过错则要告知，使其知改。平时走路要稳重，长辈召唤时就要快走应答。

作为儿童，应该保持居所整齐洁净。使用的文字笔砚等一定要摆放在固定位置，用完复位。不能在窗上、墙上、桌子上写字。

读书时先要保持桌面整洁，书册摆放有序。看书时身体也要端正，对着书册详细、缓慢地阅读，读书时要字字响亮，准确虚心，多读多背就会记住。读书要做到心到、眼到、口到，也就是认真思考，在看的同时诵读，这样坚持熟读就会自然通晓书中的意思。对于书籍一定要爱护，不能破损折污。写字时注意不能让墨汁弄脏手，一笔一划，对着书本仔细写。

对于其他的日常杂事，需要注意的是要早起晚睡，不靠近争斗，不做无益之事。对于饮食要根据条件，粥饭充饥即可。不靠近火旁。与人见面作揖时要弯腰，礼数周到。称呼长辈等要尊敬，不能称字。外出和回来后，无论是否是短暂出行都要告知长上。不计较食物多少和美恶。侍奉在长者旁时要正立拱手，回答问题要诚实并不能忘记说过的话。开门揭帘时要动作轻缓，和众人一起坐着时不能占地方太大。此外，还有喝酒不能喝醉，睡觉一定枕枕头等日常生活细节。对于这些生活细节，朱熹说虽然是大概举例，但日常生活应该注意的也基本完备了。如果提到的这些都能做到，就会成为严谨庄重的人。在此基础上，攻读圣贤书，进德修业，成为大贤君子就很有可能。

这篇文字虽然简短，但内容涉及到日常生活的各个方面，又非常切近，朱熹称这些为"饬身"之要。这些规定对少年儿童养成良好的生活习惯是很有必要的。《童蒙须知》问世以后，因篇幅简短、便读，很受人们的重视。与其他蒙学读物相比，在启蒙课堂中运用得也较广。该书对于从小培养儿童良好的生活习惯、学习习惯和某些礼貌待人的道德规范，至今也不失其教育意义。清朝的万斛泉还把此书编成了《童蒙须知韵语》，以训蒙童。

（三）《小学》节选 [1]

小学序

古者《小学》，教人以洒扫，应对，进退之节；爱亲，敬长，隆师，亲友之道。皆所以为修身，齐家，治国，平天下之本。而必使其讲而习之于幼稚之时，欲其习与智长，化与心成，而无扞格不胜之患也。今其全书虽不可，见而杂出

---

[1]　朱杰人，严佐之，刘永翔.《朱子全书》[M].第十三册.《小学》.上海：上海古籍出版社，合肥：安徽教育出版社，2002.393-402.

于传记者亦多。读者往往直以古今异宜，而莫之行。殊不知，其无古今之异者，固未始不可行也。今颇搜辑，以为此书，授之童蒙资其讲习，庶几有补于风化之万一云尔。

淳熙丁未，三月朔旦，晦庵题。

小学题辞

元亨利贞天道之常，仁义礼智人性之纲。凡此厥初，无有不善，蔼然四端，随感而见。爱亲敬兄，忠君弟长，是曰秉彝，有顺无强。惟圣性者，浩浩其天，不加毫末，万善足焉。众人蚩蚩，物欲交蔽，乃颓其纲，安此暴弃。惟圣斯恻，建学立师，以培其根，以达其支。小学之方，洒扫应对，入孝，出恭，动罔或悖，行有余力，诵诗读书，咏歌舞蹈，思罔或逾。穷理修身斯学之大，明命赫然罔有内外。德崇业广，乃复其初。昔非不足，今岂有余。世远人亡，经残教弛，蒙养弗端，长益浮靡，乡无善俗，世乏良材，利欲纷挐，异言喧豗。幸兹秉彝极天罔坠。爰辑旧闻庶觉来裔。嗟嗟小子，敬受此书。匪我言耄，惟圣之谟。

小学内篇

立教第一

子思子曰，天命之谓性，率性之谓道，修道之谓教。则天明，遵圣法，述此篇。俾为师者，知所以教。而弟子知所以学。

《列女传》曰："古者，妇人妊子，寝不侧、坐不边、立不跸。不食邪味。割不正不食，席不正不坐。目不视邪色，耳不听淫声。夜则令瞽诵诗。道正事。如此则生子，形容端正，才过人矣。"

《内则》曰："凡生子，择于诸母与可者，必求其宽裕慈惠温良恭敬慎而寡言者，使为子师。子能食食教以右手。能言男唯女俞。男鞶，革；女鞶，丝。六年教之数与方名。七年男女不同席，不共食。八年出入门户及即席饮食，必后长者，始教之让。九年教之数日。十年出就外傅，居宿于外，学书计，衣不帛襦袴，礼师初，朝夕学幼仪，请肄简谅。十有三年学乐诵诗，舞勺，成童舞象，学射御。二十而冠，始学礼，可以衣裘帛，舞大夏，惇行孝弟，博学不教，内而不出。

三十而有室，始理男事，博学无方，孙友视志。四十始仕，方物出谋发虑，道合则服从，不可则去。五十命为大夫，服官政，七十致事。女子十年不出，姆教，婉，娩，听，从。执麻枲；治丝茧。织纴组紃，学女事，以共衣服，观于祭祀，纳酒浆；笾豆菹醢，礼相助奠。十有五年而笄，二十而嫁。有故二十三而嫁。聘则为妻，奔则为妾。"

《曲礼》曰："幼子常视毋诳，立必正方，不倾听。"

《学记》曰："古之教者，家有塾，党有庠，术有序，国有学。"

《孟子》曰："人之有道也，饱食暖衣，逸居而无教，则近于禽兽。圣人有忧之，使契为司徒，教以人伦，父子有亲，君臣有义，夫妇有别，长幼有序，朋友有信。"

舜命契曰："百姓不亲，五品不逊。汝作司徒，敬敷五教，在宽。"命夔曰："命汝典乐，教胄子，直而温，宽而栗，刚而无虐，简而无傲。诗言志，歌永言，声依永，律和声。八音克谐，无相夺伦，神人以和。"

《周礼》，大司徒以乡三物，教万民而宾兴之。一曰，六德，知仁圣义忠和。二曰，六行，孝友睦姻任恤。三曰，六艺，礼乐射御书数。以乡八刑，纠万民。一曰，不孝之刑。二曰，不睦之刑。三曰，不姻之刑。四曰，不弟之刑。五曰，不任之刑。六曰，不恤之刑。七曰，造言之刑。八曰，乱民之刑。

《王制》曰："乐正，崇四术，立四教。顺先王诗书礼乐以造士。春秋教以礼乐。冬夏教以诗书。"

《弟子职》曰："先生施教，弟子是则，温恭自虚，所受是极。见善从之，闻义则服，温柔孝弟，毋骄恃力。志毋虚邪，行必正直，游居有常，必就有德。颜色整齐，中心必式。夙兴夜寐，衣带必饬。朝益暮习，小心翼翼。"一此不懈是谓学则。"

孔子曰："弟子入则孝，出则弟，谨而信，泛爱众，而亲仁。行有余力，则以学文。"

兴于诗，立于礼，成于乐。

《乐记》曰："礼乐不可斯须去身。"

子夏曰："贤贤，易色，事父母，能竭其力，事君能致其身，与朋友交，言而有信，虽曰未学，吾必谓之学矣。"

明伦第二

《孟子》曰："设为庠序学校，以教之。皆所以明人伦也。稽圣经，订贤传，述此篇，以训蒙士。"

《内则》曰："子事父母，鸡初鸣，咸盥漱，栉缝笄总，拂髦冠緌缨，端韠绅，搢笏，左右佩用，逼屦着綦。妇事舅姑如事父母，鸡初鸣，咸盥漱，栉缝笄总，衣绅，左右佩用，衿缨綦屦。以适父母舅故之所，及所，下气怡声，问衣燠寒，疾痛苛痒，而敬抑搔之，出入则或先或后，而敬扶持之。进盥，少者奉槃，长者奉水，请沃盥，盥卒授巾。问所欲而敬进之，柔色以温之，父母舅姑，必尝之而后退。男女未冠笄者，鸡初鸣，咸盥漱，栉缝，拂髦，总角，衿缨，皆佩容臭，昧爽而朝，问何食饮矣。若已食则退，若未食则佐长者视具。"

凡内外鸡初鸣，咸盥漱，衣服。敛枕簟，洒扫室堂及庭，布席。各从其事。

父母舅姑，将坐，奉席请何乡。将衽，长者奉席请何趾，少者执床与坐。御者举几，敛席与簟。县衾箧枕，敛簟而襡之。父母舅姑之衣衾簟席枕几不传。杖屦，祗敬之，勿敢近。敦牟卮匜，非馂，莫敢用。与恒饮食，非馂，莫之敢饮食。

在父母舅姑之所，有命之，应唯敬对。进退周旋，慎齐。升降出入，揖游。不敢哕噫嚏咳欠伸跛倚睇视，不敢唾洟。寒不敢袭，痒不敢搔，不有敬事，不敢袒裼，不涉不撅，亵衣衾，不见里。父母唾洟不见，冠带垢，和灰请漱，衣裳垢，和灰请澣，衣裳绽裂，纫箴请补缀。少事长，贱事贵，共帅时。

《曲礼》曰："凡为人子之礼，冬温而夏清，昏定而晨省，出必告，反必面，所游必有常，所习必有业，恒言不称老。"

《礼记》曰："孝子之有深爱者，必有和气。有和气者，必有愉色。有愉色者，必有婉容。孝子如执玉，如奉盈，洞洞属属然，如弗胜，如将失之。严威俨恪，非所以事亲也。"

《曲礼》曰，凡为人子者，居不主奥，坐不中席，行不中道，立不中门。食飨不为个槩，祭祀不为尸。听于无声，视于无形。不登高，不临深。不苟訾，不苟笑。

孔子曰："父母在，不远游。游必有方。"

《曲礼》曰："父母存，不许友以死。"

《礼记》曰："父母在，不敢有其身，不敢私其财。示民有上下也。父母在，馈献不及车马。示民不敢专也。"

《内则》曰："子妇孝者敬者，父母舅姑之命，勿逆勿怠。若饮食之，虽不耆，必尝而待。加之衣服，虽不欲，必服而待。加之事，人代之，己虽不欲，姑与之，而姑使之，而后复之。"

子妇无私货，无私畜，无私器。不敢私假，不改私与。妇或赐之饮食衣服布帛佩帨茝兰，则受而献诸舅姑。舅姑受之则喜，如新受赐，若反赐之则辞，不得命，如更受赐，藏以待之。妇若有私亲兄弟，将与之，则必复请其故，赐而后与之。

《曲礼》曰："父召，无诺。先生召，无诺。唯而起。"

《士相见礼》曰："凡与大人言，始视面，中视抱，卒视面。毋改。众皆若是。若父则游目，毋上于面，毋下于带。若不言，立则视足，从则视膝。"

《礼记》曰："父命呼，唯而不诺，手执业则投之，食在口则吐之，走而不趋。亲老，出不易方，复不过时。亲癠，色容不盛，此孝子之疏节也。父没而不能读父之书，手泽存焉尔。母没而杯圈不能饮焉，口泽之气存焉尔。"

《内则》曰："父母有婢子若庶子庶孙，甚爱之，虽父母没，没身敬之不衰。子有二妾，父母爱一人焉，子爱一人焉，由衣服饮食，由执事毋敢视父母所爱，虽父母没不衰。"

子甚宜其妻，父母不说，出。子不宜其妻，父母曰，是善事我，子行夫妇之礼焉。没身不衰。

曾子曰："孝子之养老也，乐其心，不违其志，乐其耳目，安其寝处，以其饮食，忠养之。是故父母之所爱亦爱之，父母之所敬亦敬之。至于犬马尽然，而况于人乎。"

《内则》曰："舅没则姑老，冢妇所祭祀宾客，每事必请于姑，介妇请于冢妇。舅姑使冢妇，毋怠。不友无礼于介妇。舅姑若使介妇，毋敢敌耦于冢妇。不敢并行，不敢并命，不敢并坐。凡妇不命适私室，不敢退。妇将有事，大小必请于舅姑。"

适子庶子只事宗子宗妇，虽贵富，不敢以贵富，入宗子之家，虽众车徒，舍于外，以寡约入，不敢以贵富，加于父兄宗族。

曾子曰："父母爱之，喜而不忘。父母恶之，惧而无怨。父母有过，谏而不逆。"

《内则》曰："父母有过，下气怡色柔声以谏。谏若不入，起敬起孝，说则复谏。不说与其得罪于乡党州闾，宁孰谏。父母怒不说，而挞之流血，不敢疾怨，起敬起孝。"

《曲礼》曰："子之事亲也，三谏而不听，则号泣而随之。"

父母有疾，冠者不栉，行不翔，言不惰，琴瑟不御，食肉不至变味，饮酒不至变貌，笑不至矧，怒不至詈。疾止，复故。

君有疾饮药，臣先尝之。亲有疾饮药，子先尝之。医不三世，不服其药。

孔子曰："父在观其志，父没观其行。三年无改于父之道，可谓孝矣。"

《内则》曰："父母虽没，将为善，思贻父母令名，必果。将为不善，思贻父母羞辱，必不果。"

（四）朱熹童蒙教育思想

1. 重视童蒙阶段教育

朱熹十分重视蒙养阶段的基础教育作用，他说："古人之学，因以致知为先，然其始也，必养之于小学。"只有使儿童"讲而习之于幼稚之时"，才能使其"习与智长，化与心成，而无扞格不胜之患也"。小学阶段的教育是大学阶段的基础，他还把小学阶段的教育形象地比喻为"打坯模"阶段，"古者，小学已自暗养成了，到长来，已自有圣贤坯模，只就上面加光饰。"[1] 倘若自幼失了小学，或坯模没打好，大了要补填就十分困难。

童蒙教育应始于胎教阶段，终于小学阶段。胎教时期应该注重言行，平心静气，以静养为主。婴儿出生后，应该重视乳母的选择，要选择性格平和，遵守本分的乳母，以免乳母的不良性格影响儿童的性格。在小学之前，童蒙教育应该尽早进行，"古者教小子弟，自能言能食，即有教，以至洒扫应对之类，皆有所习，故长大则易语。"[2] 一般来说，儿童能说话，能自己吃饭后就应该实施教育。在家庭教育中要重视慈严并济，以免因为溺爱和疏忽养成不好的行为习惯。

2. 小学教育以"事"为主

小学是大学教育的基础，小学和大学教育虽有联系但又相对独立。童蒙教育的目标是"明人伦"和"敬身涵养"，教育内容则是以"事"而非"理"为主。"小学者，学其事；大学者，学其小学所学之事之所以。"[3] 这样的教育内容是采用古代的教育形式，"古者初年入小学，只是教之以事，如礼乐射御书数及孝弟忠信之事。自十六七入大学，然后教之以理，如致知、格物及所以为忠信孝弟者。"[4]

在倡导以事为主的教育时，朱熹和学生都批评了当时以学文为主的儿童教育。陆子寿言："古者教小子弟，自能言能食，即有教，以至洒扫应对之类，皆有所习，故长大则易语。今人自小即教做对，稍大即教做虚诞之文，皆坏其性质。某当思欲做一小学规，使人自小教之便有法，如此亦须有益。"先生曰：

---

[1]　朱杰人，严佐之，刘永翔.《朱子全书》[M].第十四册，《朱子语类（壹）·卷七》.上海：上海古籍出版社，合肥：安徽教育出版社，2002.269.

[2]　朱杰人，严佐之，刘永翔.《朱子全书》[M].第十四册，《朱子语类（壹）·卷七》.上海：上海古籍出版社，合肥：安徽教育出版社，2002.270.

[3]　朱杰人，严佐之，刘永翔.《朱子全书》[M].第十四册，《朱子语类（壹）·卷七》.上海：上海古籍出版社，合肥：安徽教育出版社，2002.269.

[4]　朱杰人，严佐之，刘永翔.《朱子全书》[M].第十四册，《朱子语类（壹）·卷七》.上海：上海古籍出版社，合肥：安徽教育出版社，2002.268.

"只做禅苑清规样做，亦自好。"[1] 因为当时的小学丧失了行为养成的模式，所以在进行儿童教育时，朱熹尤其注重对儿童态度的养成，"如今全失了小学工夫，只得教人且把敬为主，收敛身心，却方可下工夫。"[2]

在教育内容上，朱熹提出，15岁以前的儿童，主要是就儿童日常生活接触的"眼前事"进行教育。小学的任务是"教以事"，即教人以洒扫、应对、进退之节，爱亲、敬长、隆师、亲友之道，以及"礼、乐、射、御、书、数之文"。在这样的教育思想指导下，朱熹的《童蒙须知》和《小学》都对儿童的行为言语，日常生活中做事的方法进行详尽具体的阐述。

3. 童蒙教育注重乐学

朱熹在《小学》中阐述了寓教于乐的教学方法。"教人未见意趣，必不乐学"。朱熹主张用历史故事、道德诗歌来教育儿童，用故事和诗歌的形式吸引儿童主动学习。朱熹《小学》引杨亿的话说："童稚之学，不止记诵，养其良知良能，当以先人之言为主。日记故事，不拘今古，必先以孝悌忠信，礼义廉耻等事，如黄香扇枕，陆绩怀桔，叔敖阴德，子路负米之类，只如俗说，便晓此道理，久久成熟，德性若自然矣。"[3] 因此，《小学》中辑录了"古圣先贤"不少格言、故事、训诫诗等，以此来激发儿童的学习兴趣。《小学》中提倡八个字即："诵诗、读书、咏歌、舞蹈"。

此外，在儿童教材编写的语言上，朱熹注意选取那些语言浅显生动的内容，尽量减少文字的障碍。有些家训、名言、诗歌，读起来朗朗上口，如"忧人之忧，乐人之乐"，"非淡泊无以明志，非宁静无以致远"，"勿以恶小而为之，勿以善小而不为"等，便于儿童记忆和理解，使之在日常生活中自觉地接受，久而久之，促使儿童的道德水平逐渐提高。

[1] 朱杰人，严佐之，刘永翔.《朱子全书》[M].第十四册，《朱子语类（壹）·卷七》.上海：上海古籍出版社，合肥：安徽教育出版社，2002.270.

[2] 朱杰人，严佐之，刘永翔.《朱子全书》[M].第十四册，《朱子语类（壹）·卷七》.上海：上海古籍出版社，合肥：安徽教育出版社，2002.269.

[3] 朱杰人，严佐之，刘永翔.《朱子全书》[M].第十三册，《小学》.上海：上海古籍出版社，合肥：安徽教育出版社，2002.434.

朱熹的儿童教育思想及《童蒙须知》、《小学》等童蒙教材对后世产生了广泛而深远的影响。各地的小学、社学、族学等都纷纷以这两本教材为学习内容。甚至到了民国初年，《小学》仍然是当时的儿童启蒙教材之一。

七、《朱子语类》

在历史上有影响的思想家，由于他们的地位和影响，都会有人专门整理他们学术活动的著作，一般是其弟子对其教授问答进行语录整理。这是传承思想家的学术思想的一个重要方式和载体。朱熹作为中国历史上颇具影响的思想家，其弟子对他的教授活动也进行了语录整理。对朱熹与其弟子的语录汇编，叫《朱子语类》。

（一）《朱子语类》成文简介

《朱子语类》是朱熹与其弟子问答的语录汇编。宋代景定四年（1263年）黎靖德[1]以类编排，于咸淳二年（1270年）刊定为《朱子语类大全》，即今天的通行本《朱子语类》，全书共一百四十卷。其中，"四书"占51卷，"五经"占29卷，哲学专题如理气、知性等，专人如周、程、老、释等，以及治学方法等，约占40卷，历史、政治、文学等约占20卷。本书有三大特点：一是朱熹晚年精要语多，可纠正其早期著作中的某些不成熟意见；二是本书中所涉及的许多问题在其文集中有言之甚简或完全阙如的；三是《朱子语类》与其他理学家语录多谈性理者不同，上自天地之所以高厚，下至一物之微，无所不谈，范围广泛。[2]《朱子语类》基本代表了朱熹的思想，内容丰富，它记载了朱熹与门人弟子讲学问答的对话，记录了朱熹的教学内容和教学过程，是研究朱熹的教育活动和教育思想的比较可靠的资料。本书选录《语录》中与朱熹教育

---

[1]　黎靖德景定四年(1263年)开始编辑朱熹生前的语录，删其文字重复，咸淳六年(1270年)出版《朱子语类》一百四十卷。

[2]　王瑞明、张全明.《朱熹集》导读[M].成都：巴蜀出版社，1992.8.

思想密切相关的"论性理""论为学""论读书"三部分内容。

　　《朱子语录》能够广泛流传,一方面是因为朱熹学说的价值,另一方面与《朱子语类》的语录体编写特点有直接关系。语录体作为一种文体,主要是记录讲道、传教、论事、交际等的问答口语。很多学者认为语录体起源于唐代禅宗,如胡适认为,"自佛书之输入,译者以文言不足以达意,故以浅近之文译之,其体已近白话。其后佛氏讲义语录尤多用白话为之者,是为语录体之原始。"[1] 从教育领域看,宋代是教育语录的勃兴时期,语录体得到空前发展,并在教育中广泛应用。与先秦诸子不同的是,先秦诸子讲学语录是后人编的,而宋代语录大多是当时编成的。

　　《朱子语类》具有语录体的特点:口语化和简易化特点,所整理的问题具有明显的说理性、针对性和教育情境性。[2]《朱子语类》在表达观点上比文集更为简捷明了,直达宗旨,并且能够记录不同时期朱熹思想的演进,尤其有助于了解朱熹晚年的思想。

　　但是在研读《朱子语类》时也要注意其中存在的问题。如条理性、系统性有所欠缺。由于《语类》中记录的是师生对话,往往是随口而出,不如其他论著经过反复思索,逻辑性更强。如关于格物致知的论述,其《大学章句》中的《补大学格物致知传》就比语录更为清晰完整。此外,由于《语录》由不同学生记录,各自以自己的喜好取舍,在内容上会有不一致的问题。而《语录》中的白话部分在当时是普通口语,但有些今天很少使用,反而难以理解其中含义。

(二)《朱子语类》节选 [3]

1. 论性理

　　问理与气。曰:"伊川说得好,曰:'理一分殊。'合天地万物而言,只是一个理;

[1] 胡适. 文学改良刍议[J]. 新青年, 1917, (2).

[2] 李娟. 宋代理学语录的勃兴与传播[J].兰州学刊, 2012,(9).56.

[3] 朱杰人, 严佐之, 刘永翔.《朱子全书》[M].第十四册,《朱子语类》.上海:上海古籍出版社,合肥:安徽教育出版社, 2002.114.

及在人，则又各自有一个理。"（卷一）

人之所以生，理与气合而已。天理固浩浩不穷，然非是气，则虽有是理而无所凑泊。故必二气交感，凝结生聚，然后是理有所附着。凡人之能言语、动作，思虑营为，皆气也，而理存焉。故发而为孝弟忠信仁义礼智，皆理也。然而二气五行，交感万变，故人物之生，有精粗之不同。自一气而言之，则人物皆受是气而生；自精粗而言，则人得其气之正且通者，物得其气之偏且塞者。惟人得其正，故是理通而无所塞；物得其偏，故是理塞而无所知。……然就人之所禀而言，又有昏明清浊之异。故上知生知之资，是气清明纯粹，而无一毫昏浊，所以生知安行，不待学而能，如尧舜是也。其次则亚于生知，必学而后知，必行而后至。又其次者，资禀既偏，又有所蔽，须是痛加工夫，"人一己百，人十己千，[1]"然后方能及亚于生知者。……（卷四）

论天地之性，则专指理言，论气质之性，则以理与气杂而言之。未有此气，已有此性，气有不存，而性却常在。虽其方在气中，然气自是气，性自是性，亦不相夹杂。至论其遍体于物，无处不在，则又不论气之精粗，莫不有是理。（卷四）

性非气质则无所寄，气非天性则无所成。（卷四）

人物之生，天赋之以此理，未尝不同，但人物之禀受自有异耳。如一江水，你将杓[2]去取，只得一杓；将碗去取，只得一碗；至于一桶一缸，各自随器量不同，故理亦随以异。（卷四）

人之性皆善，然而有生下来善底，有生下来便恶底，此是气禀不同。且如天地之运，万端而无穷，其可见者，日月清明，气候和正之时，人生而禀此气，则为清明浑厚之气，须做个好人。若是日月昏暗，寒暑反常，皆是天地之戾气[3]，人若禀此气，则为不好底人，何疑！人之为学，却是要变化气禀，然极难变化。如孟子道性善，不言气禀，只言人皆可以为尧舜，若勇猛直前，气禀之偏自消，功夫自成，故不言气禀。看来吾性既善，何故不能为圣贤，却是被

[1]　《礼记·中庸》："人一能之，己百之；人十能之，己千之。果能此道矣，虽愚必明，虽柔必强。"
[2]　同"勺"。
[3]　戾气：恶浊的气。

这气禀害。如气禀偏于刚，则一向刚暴；偏于柔，则一向柔弱之类。人一向推托道气禀不好，不向前，又不得，一向不察气禀之害，只昏昏地去，又不得。须知气禀之害，要力去用功克治，裁其胜而归于中，乃可。（卷四）

性只是理。气质之性，亦只是这里出。若不从这里出，有甚归着。如云"人心惟危，道心惟微"，道心固是心，人心亦心也。横渠[1]言："心统性情。"（卷四）

性即理也。当然之理，无有不善者。故孟子之言性，指性之本而言。然必有所依而立，故气质之禀不能无浅深厚薄之别。孔子曰'性相近也'，兼气质而言。（卷四）

亚夫[2]问："气质之说，起于何人？"曰："此起于张程[3]。某以为极有功于圣门，有补于后学，读之使人深有感于张程，前此未曾有人说到此。如韩退之《原性》中说三品，说得也是，但不曾分明说是气质之性耳，性那里有三品来。孟子说性善，但说得本原处，下面却不曾说得气质之性，所以亦费分疏。诸子说性恶与善恶混，使张程之说早出，则这许多说话自不用纷争。故张程之说立，则诸子之说泯矣。因举横渠'形而后有气质之性，善反之，则天地之性存焉。故气质之性，君子有弗性者焉。'又举明道云：'论性不论气不备，论气不论性不明，二之则不是。'且如只说个仁义礼智是性，世间却有生出来便无状底，是如何？只是气禀如此，若不论那气，这道理便不周匝[4]，所以不备。若只论气禀，这个善，这个恶，却不论那一原处只是这个道理，又却不明。此自孔子、曾子、子思、孟子理会得后，都无人说这道理。"（卷四）

有是理而后有是气，有是气则必有是理。但禀气之清者，为圣为贤，如宝珠在清冷水中；禀气之浊者，为愚为不肖，如珠在浊水中。所谓"明明德"者，是就浊水中揩拭此珠也。（卷四）

理者，天之体；命者，理之用。性是人之所受，情是性之用。（卷五）

---

[1] 横渠：张载，字子厚，在眉县横渠镇讲学，后人称为张横渠。北宋哲学家。

[2] 道夫：黄樵仲，字道夫，龙溪人，淳熙进士。朱熹知漳州时，礼请入学，结为学友。

[3] 张程：张，指张载，程，指程颢、程颐，他们对人性都区分先天的性与气禀的性。

[4] 周匝：匝，周。周匝，周遍。

性不是卓然一物可见者。只是穷理、格物，性自在其中，不须求，故圣人罕言性。（卷五）

性、情、心，惟孟子、横渠说得好。仁是性，恻隐是情，须从心上发出来。"心，统性情者也。"性只是合如此底，只是理，非有个物事。若是有底物事，则既有善，亦必有恶。惟其无此物，只是理，故无不善。（卷五）

2. 论为学

圣人教人有定本。舜"使契为司徒，教以人伦：父子有亲，君臣有义，夫妇有别，长幼有序，朋友有信"。夫子对颜渊曰："克己复礼为仁。""非礼勿视，非礼勿听，非礼勿言，非礼勿动。"皆是定本。（卷八）

学须先理会那大底。理会得大底了，将来那里面小底自然通透。今人却是理会那大底不得，只去搜寻里面小小节目。（卷八）

世俗之学，所以与圣贤不同者，亦不难见。圣贤直是真个去做，说正心，直要心正；说诚意，直要意诚；修身齐家，皆非空言。今之学者说正心，但将正心吟咏一晌；说诚意，又将诚意吟咏一晌；说修身，又将圣贤许多说修身处讽诵而已。或掇拾言语，缀缉时文。如此为学，却于自家身上有何交涉？这里须用着意理会。今之朋友，固有乐闻圣贤之学，而终不能去世俗之陋者，无他，只是志不立尔。学者大要立志，才学，便要做圣人是也。（卷八）

为学，须思所以超凡入圣。如何昨日为乡人，今日便为圣人！须是竦拔，方始有进！（卷八）

为学极要求把篙处着力。到工夫要断绝处，又更增工夫，着力不放令倒，方是向进处。为学正如上水船，方平稳处，尽行不妨。及到滩脊急流之中，舟人来这上一篙，不可放缓。直须着力撑上，不一步不紧。放退一步，则此船不得上矣！（卷八）

进取得失之念放轻，却将圣贤格言处研究考究。若悠悠地似做不做，如捕风捉影，有甚长进！今日是这个人，明日也是这个人。（卷八）

……为学者须从穷理上做工夫。若物格知至，则意自诚；意诚，则道理

合做底事,自然行将去,自无下面许多病痛也。扩然而大公,物来而顺应。(卷八)

或问:"为学如何做工夫?"曰:"不过是切己,便的当。此事自有大纲,亦有节目。常存大纲在我,至于节目之间,无非此理。体认省察,一毫不可放过。理明学至,件件是自家物事,然亦须各有伦序。"(卷八)

持敬是穷理之本;穷得理明,又是养心之助。(卷九)

读书以观圣贤之意,因圣贤之意,以观自然之理。(卷十)

本心陷溺之久,义理浸灌未透,且宜读书穷理,常不间断,则物欲之心自不能胜;而本心之义理,自安且固矣。(卷十一)

3. 论读书

少看熟读,反复体验,不必想象计获。只此三事,守之有常。(卷十)

学固不在乎读书,然不读书则义理无由明。要之无事不要理会,无书不要读。若不读这一件书,便阙了这一件道理;不理会这一事,便阙这一事道理。要他底须着些精彩方得。(卷一百二十)

读书理会一件了,又一件。不止是读书,如遇一件事,且就这事上思量,合当如何做,处得来当,方理会别一件。书不可只就皮肤上看,事亦不可只就皮肤上理会。天下无书不是合读底,无事不是合做底。若一个书不读,这里便缺此一书之理;一件事不做,这里便缺此一事之理。大而天地阴阳,细而昆虫草木,皆当理会。一物不理会,这里便缺此一物之理。(卷一百一十七)

读书须将心贴在书册上,逐句逐字,各有着落,方始好商量。大凡学者,须是收拾此心,令专静纯一,日用动静间,都无驰走散乱,方始看得文字精审,如此方是有本领。(卷十一)

敬非是块然兀坐,耳无所闻,目无所见,心无所思,而后谓之敬。只是有所畏谨,不敢放纵。如此,则身心收敛,如有所畏。常常如此,气象自别。存得此心,乃可以为学。(卷十二)

凡读书,须有次序,且如一章三句,先理会上一句,待通透,次理会第二句,第三句,待分晓,然后将全章反复绅绎[1]玩味。如未通透,却看前辈讲解,更

---

[1] 绅绎:寻究事物的道理和原因。

100

第二番读过。须见得身分上有长进处，方为有益。（卷十一）

某要人先读《大学》，以定其规模；次读《论语》，以立其根本；次读《孟子》，以观其发越；次读《中庸》，以求古人之微妙处。（卷十四）

严立功程，宽着意思，久之，自当有味，不可求欲速之功。（卷八）

书宜少看，要极熟。小儿读书记得，大人多记不得者，只为小儿心专。一日授一百字，则只是一百字，二百字，则只是二百字；大人一日或看百板，不恁[1]精专。人多看一分之十，今宜看十分之一。宽着期限，紧着课程。（卷十）

读书，小作课程，大施功力。如会读得二百字，只读得一百字，却于百字中猛施工夫，理会子细，读诵教熟。如此，不会记性人自记得，无识性人亦理会得。若泛泛然念多，只是皆无益耳。读书，不可以兼看未读者。却当兼看已读者。（卷十）

人作功课，若不专一，东看西看，则此心先已散漫了，如何看得道理出。须是看《论语》，专只看《论语》；看《孟子》，专只看《孟子》。读这一章，更不看后章；读这一句，更不得看后句；这一字理会未得，更不得看下字。如此，则专一而功可成。若所看不一，泛滥无统，虽卒岁穷年，无有透彻之期。某旧时看文字，只是守此拙法，以至于今。思之，只有此法，更无他法。（卷十一）

读书不可贪多，且要精熟。如今日看得一板，且看半板，将那精力来更看前半板，两边如此，方看得熟。直须看得古人意思出，方好。（卷十）

泛观博取，不若熟读而精思。（卷十）

大抵观书，先须熟读，使其言皆若出于吾之口；继以精思，使其意皆若出于吾之心，然后可以有得尔。然熟读精思，既晓得后，又须疑不止如此，庶几有进。若以为止如此矣，则终不复有进也。（卷十）

读书之法，读一遍了，又思量一遍；思量一遍，又读一遍。读诵者，所以助其思量，常教此心在上面流转。若只是口里读，心里不思量，看如何也记不子细。（卷十）

---

[1]　恁：那，那么。

读书须是专一。读这一句，且理会这一句；读这一章，且理会这一章。须是见得此一章彻了，方可看别章，未要思量别章别句。只是平心定气在这边看，亦不可用心思索太过，少间却损了精神。前辈云："读书不可不敬。"敬便精专，不走了这心。（卷十）

李敬子说先生教人读书云："既识得了，须更读百十遍，使与自家相乳入，便说得也响。今学者本文尚且未熟，如何会有益！"（卷十）

圣人言语如千花，远望都见好。须端的真见好处，始得。须着力子细看。工夫只在子细看上，别无术。（卷十）

学者读书，须是于无味处当致思焉。至于群疑并兴，寝食俱废，乃能骤进。因叹"骤进"二字，最下得好，须是如此。若进得些子，或进或退，若存若亡，不济事。如用兵相杀，争得些儿，小可一二十里地，也不济事。须大杀一番，方是善胜。为学之要，亦是如此。（卷十）

看文字，须是如猛将用兵，直是鏖战一阵；如酷吏治狱，直是推勘到底，决是不恕他，方得。（卷十）

看人文字，不可随声迁就，我见得是处，方可信。须沈潜玩绎[1]，方有见处。不然，人说沙可作饭，我也说沙可作饭，如何可吃。（卷十一）

学者观书，病在只要向前，不肯退步看。愈向前，愈看得不分晓。不若退步，却看得审。大概病在执着，不肯放下。……横渠云："濯去旧见，以来新意。"此说甚当。若不濯去旧见，何处得新意来。今学者有二种病，一是主私意，一是旧有先入之说，虽欲摆脱，亦被他自来相寻。（卷十一）

读书无疑者，须教有疑；有疑者，却要无疑，到这里方是长进。（卷十一）

读书之法，有大本大原处，有大纲大目处，又有逐事上理会处，又其次则解释文义。（卷十一）

为学须是先立大本，其初甚约，中间一节甚广大，到末梢又约。孟子曰："博学而详说之，将以反说约也。"故必先观《论》《孟》《大学》《中庸》，以考

---

[1] 沈潜玩绎：潜心体会研究.

圣贤之意，读史以考存亡治乱之迹，读诸子百家以见其驳杂之病，其节目自有次序，不可逾越。近日学者，多喜从约，而不于博求之，不知不求于博，何以考验其约？如某人好约，今只做得一僧，了得一身。又有专于博上求之，而不反其约，今日考一制度，明日又考一制度，空于用处作工夫，其病又甚于约而不博者。要之，均是无益。（卷十一）

读书须是虚心切己。虚心，方能得圣贤意；切己，则圣贤之言不为虚说。（卷十一）

学者不可用己意迁就圣贤之言。（卷十一）

凡读书先须晓得他底言词了，然后看其说于理当否，当于理则是，背于理则非。今人多是心下先有一个意思了，却将他人说话来说自家底意思，其有不合者，则硬穿凿之使合。（卷十一）

读书穷理，当体之于身。凡平日所讲贯穷究者，不知逐日常见得在心目间否。不然，则随文逐义，赶趁期限，不见悦处，恐终无益。（卷十一）

读书，须要切己体验。不可只作文字看，又不可助长。（卷十一）

学者当以圣贤之言反求诸身，一一体察。须是晓然无疑，积日既久，当自有见。……（卷十一）

读书，不可只专就纸上求理义，须反来就自家身上推究。秦汉以后，无人说到此，亦只是一向去书册上求，不就自家身上理会，自家见未到。圣人先说在那里，自家只借他言语，来就身上推究，始得。（卷十一）

（三）《朱子语类》解读

《朱子语类》对教育的诸多方面进行过论述。这些方面涉及教育的作用与目的、教育的阶段与内容、道德教育、读书方法。朱熹对许多教育问题的认识以及他对教育的许多主张深刻影响了中国当时及之后的教育实践，凝结于中国教育传统之中，成为中国教育实践的一种气质。尽管我们对这些教育传统可能有不同的看法，但是我们理解朱熹对教育的这些主张可能更利于深度认知中国的某些教育传统及其背后的理论支持。

1. 教育的作用和目的

朱熹非常重视通过教育改变人的人性。朱熹认为，人性分成"天命之性"和"气质之性"。"天命之性"是禀受"天理"而成的，是浑厚至善，完美无缺的。仁义礼智等儒家道德是"天命之性"的体现。而"气质之性"则是禀受"理"与"气"杂然相存而成的，有善有恶。人的"气质之性"常充满人的私欲，遮掩"天命之性"，教育的作用就在于变化人的"气质之性"，保存其中的天理，灭尽其中的人欲，从而实现"明天理，灭人欲"的教育宗旨，"学者须是革尽人欲，复尽天理，方始是学。"[1]

从教育的作用这一问题出发，朱熹主张学校的教育目的在于"明人伦"。他说："古之圣王，设为学校，以教天下之人。……必皆有以去其气质之偏，物欲之蔽，以复其性，已尽其伦而后已焉。"[2] 通过教育，使人去其"气质之偏"，革尽"物欲之蔽"，以恢复其天命之性，就必须"尽人伦"。所以，他说："父子有亲，君臣有义，夫妇有别，长幼有序，朋友有信，此人之大伦也。庠、序、学、校皆以明此而已。"[3]

朱熹认为当时以科举为目的的学校教育违背了教育的宗旨，学校"虽或不异乎先王之时，然其师之所以教，弟子之所以学，则皆忘本逐末，怀利去义，而无复先王之意，以故学校之名虽在，而其实不举，其效至于风俗日蔽，人材日衰。"[4] 士人学习目的也违背了"明人伦"的先王教育目的，更多是获得外在的利益，"所以求于书，不越乎记诵、训诂、文词之间，以钓声名，干利禄而已"。因此，他要求改革科举，整顿学校。朱熹针对当时学校教育忽视伦理道德教育，

[1] 朱杰人，严佐之，刘永翔.《朱子全书》[M].第十四册，《朱子语类（壹）·卷十三》.上海：上海古籍出版社，合肥：安徽教育出版社，2002.390.

[2] 朱杰人，严佐之，刘永翔.《朱子全书》[M].第二十册，《朱文公文集（壹）·卷十五》.上海：上海古籍出版社，合肥：安徽教育出版社，2002.692.

[3] 《孟子集注》

[4] 朱杰人，严佐之，刘永翔.《朱子全书》[M].第二十四册，《朱文公文集（伍）·卷七十八》.上海：上海古籍出版社，合肥：安徽教育出版社，2002.3741–3742.

诱使学生"怀利去义",争名逐利的现实,以及为了改变"风俗日蔽,人材日衰"的状况,重新申述和强调"明人伦"的思想,在当时具有一定的积极意义。[1]

2. 朱子读书法

在朱熹一生的教育实践活动中,不仅重视如何教书,而且也十分重视指导学生如何读书。他强调读书穷理,认为"为学之道,莫先于穷理;穷理之要,必在于读书"。在这方面,他积累了大量宝贵的经验,其弟子和门人在其死后将他平日指导读书的语录,归纳为六条,循序渐进、熟读精思、虚心涵泳、居敬持志、切己体察,称作"朱子读书法"。现就每条基本内容简析如下:

（1）循序渐进

朱熹主张读书要"循序渐进",包含三个意思:[2] 第一,读书应该按一定次序,不要颠倒;第二,应根据自己的实际情况和能力,安排读书计划,并切实遵守它;第三,读书要扎扎实实打好基础,不可囫囵吞枣,急于求成。对于读书的次序,朱熹认为要先读"四书",再观"五经",对于"四书"的学习顺序是:"某要人先读《大学》,以定其规模;次读《论语》,以立其根本;次读《孟子》,以观其发越;次读《中庸》,以求古人之微妙处。"[3]

（2）熟读精思

朱熹强调读书要熟读。通过反复的诵读,达到入口入心,就能深入了解书中的含义。他说:"大抵观书,须先熟读,使其言皆若出于吾之口;继之精思,使其意皆若出于吾之心,然后可以有得尔。"[4] 读书的时候应该把每一句弄懂通透后再接着读,通过反复诵读,参照前人的讲解,不断思考达到静思。"凡读书,须有次序,且如一章三句,先理会上一句,待通透,次理会第二句,第三句,待分晓,然后将全章反复绅绎玩味。如未通透,却看前辈讲解,更第二番读过。

[1] 孙培青.中国教育史[M].上海:华东师范大学出版社,2000.220.

[2] 孙培青.中国教育史[M].上海:华东师范大学出版社,2000.224.

[3] 朱杰人,严佐之,刘永翔.《朱子全书》[M].第十四册,《朱子语类(壹)·卷十四》.上海:上海古籍出版社,合肥:安徽教育出版社,2002.419.

[4] 朱杰人,严佐之,刘永翔.《朱子全书》[M].第十四册,《朱子语类(壹)·卷十》.上海:上海古籍出版社,合肥:安徽教育出版社,2002.322.

须见得身分上有长进处，方为有益。"[1]

（3）虚心涵泳

朱熹针对当时士人读书时存在的"主私意"和"旧有先入之说"这两种毛病提出"虚心涵泳"这一读书方法，包括两方面的含义：一是要"虚心"，就是指读书时要虚怀若谷，静心思虑，仔细体会书中的意思，而不要根据自己的意思去揣测书中的道理，穿凿附会。二是要"涵泳"，是指读书时要反复咀嚼，细心玩味。

（4）切己体察

朱熹认为，读书不能仅在纸面上做功夫，而应心领神会，身体力行。这一读书方法也是针对当时士人只向书本求义理，而不"体之于身"这一问题提出的，他认为这样即使"广求博取，日诵五车"，也无益于学。在朱熹看来，读书穷理不能专在纸上努力，还要在自己身上下功夫，不能专在嘴上说，还要体现在行动中。切记体察的功夫，就是要把圣贤之言，变成自己的信念，见之于自己的行动。

（5）着紧用力

朱熹认为读书不能松松垮垮，要有发奋勇猛的精神，必须抓紧时间，发愤忘食。朱熹把读书比喻为救火治病，刻不容缓，也如撑上水船，一篙不可放缓，等等。"看文字，须是如猛将用兵，直是鏖战一阵；如酷吏治狱，直是推勘到底，决是不恕他，方得。"[2] 读书计划的目标不要定得过高，不能贪多，更不能功利心太强。但是一旦开始读书，就要抓紧时间，精神上也要集中。

（6）居敬持志

居敬持志既是朱熹道德修养的重要方法，也是他最重要的读书法。所谓"居敬"，就是读书时精神专一，注意力集中。所谓"持志"，就是要树立远

[1] 朱杰人，严佐之，刘永翔.《朱子全书》[M].第十四册.《朱子语类（壹）·卷十一》.上海：上海古籍出版社，合肥：安徽教育出版社，2002.346.

[2] 朱杰人，严佐之，刘永翔.《朱子全书》[M].第十四册.《朱子语类（壹）·卷十》.上海：上海古籍出版社，合肥：安徽教育出版社，2002.316.

大的志向,高尚的目标,应以顽强的毅力长期坚持。"敬非是块然兀坐,耳无所闻,目无所见，心无所思，而后谓之敬。只是有所畏谨，不敢放纵。如此，则身心收敛，如有所畏。常常如此，气象自别。存得此心，乃可以为学。"[1]只有本着敬重的心态，读书才能有所得。

朱熹的六条读书法包括了完整的为学中应注重的态度和方法,体现了其"读书穷理"的治学方法，对南宋之后士子的为学治学产生了重要影响。

---

[1]　朱杰人,严佐之,刘永翔.《朱子全书》[M].第十四册,《朱子语类（壹）·卷十二》.上海:上海古籍出版社,合肥:安徽教育出版社,2002,372.

下编　王守仁教育名著导读

　　王守仁曾对自己的一生做了非常精辟的总结。这正好可以作为我们介绍王守仁及其相关著作的开始。王守仁自己说他一生所做之事可以概括为两个方面："破山中贼，破心中贼。"前者是指镇压农民起义，用武力维护政府统治；后者则是指从事教育活动，宣传"心学"主张，以思想文化力量进行社会治理。王守仁重视教育，并躬身力行。王守仁正式授徒讲学始于明朝弘治十八年在京师任职之时，他长期在江西、浙江、两广等地任职，每到一处，都主张设学立教、修建书院，直到去世，讲学 20 余年。

　　本编的重点是通过解析其教育理论著述，介绍王守仁的教育思想。在他的教育思想中体现出继承性和创新性。王守仁起初研习程朱理学"格物穷理"之道，随着研究深入之后，与朱子之学背道而驰，转向继承南宋陆九渊"心学"之道，并系统地提出了"心即理""致良知""知行合一"等命题，开创"阳明学派"。他的学说思想，随着其政治地位的上升，并在之后其思想追随者的推动下，逐渐受到关注，日益流行。作为与程朱理学相对立的一种思想，陆王心学成为封建社会后期主要的社会思潮之一。

一、王守仁生平及其教育活动

王守仁（1472—1529），名守仁，字伯安，生于绍兴府余姚县（今浙江省宁波市余姚市）。王守仁曾被贬至贵州龙场驿（今贵州修文境内），结庐阳明洞，故自号阳明子，世称阳明先生，现在一般都称他为王守仁。王守仁是明代最著名的思想家、教育家、哲学家和军事家，官至南京兵部尚书、南京都察院左都御史，因平定宸濠之乱等军功而被封为新建伯，隆庆年间被追封侯爵。王守仁是陆、王心学的集大成者，并且精通儒、释、道三教，此外能够统军征战，是中国历史上罕见的全能大儒。其学说世称"心学"（或"王学"），在中国、日本、朝鲜半岛以及东南亚国家都产生了重要而深远的影响。

王守仁出身官宦世家，父讳华，成化辛丑，赐进士及第第一人，仕至南京吏部尚书，进封新建伯。据《明史》载，王守仁出生时取名为王云，但五岁时还不能说话，后经高僧指点改名为守仁才能说话。王守仁自幼家教森严，十一岁前在祖父王伦培养下成长。后随父亲王华到京师，一度热心骑射，继又研习兵法。至京师的第二年，王守仁正式入私塾，接受传统的儒学教育。王守仁童年时聪慧过人，常出语不凡，自诩以学圣贤为第一等事。十八岁时在回余姚的途中拜访程朱派学者娄谅，娄谅向他介绍了朱熹的格物说和圣人可学而至的思想，使他很受启发。二十一岁中举人，开始认真学习朱子学说，遍求朱子遗书读之，受"众物必有表里精粗，一草一木，皆涵至理"的思想影响，在父亲的官署中观竹"格物"，然而劳思致疾仍不得其理，于是对朱子颇有怀疑，遂改从辞章之学。

王守仁明代弘治十二年（1499年）二十八岁中进士，任职于工部，后又担任刑部云南清吏司主事。

这一时期的王守仁，兴趣十分广泛。与王守仁同时代的湛若水说他"初溺于任侠之习，再溺于骑射之习，三溺于辞章之句，四溺于神仙之习，五溺于佛氏之习"。

明代弘治十八年（1505 年）三十四岁的王守仁开始收徒讲学。当时学者溺于辞章记诵，不复知有身心之学。先生首倡言之，使人先立必为圣人之志。闻者渐觉兴起，有愿执贽及门者。至是专志授徒讲学。明代正德元年（1506 年），因反对宦官刘瑾，被谪贬贵州龙场（修文县治）驿丞。

龙场在今贵阳西北四十里的修文，万山环抱，荆刺丛生，毒瘴疠，自然环境恶劣。又与当地人语言不通，能说中原语言的都是亡命之徒。在这种艰苦枯寂的环境中，他自计一切得失荣辱都能超脱，只有生死一念尚在心中萦绕，于是筑石墩自誓说："吾为俟命而已！"在静静默坐中思考人生的真谛，"因念圣人处此，更有何道？忽中夜大悟格物致知之旨，寤寐中若有人语之者，不觉呼跃，从者皆惊。始知圣人之道，吾性自足，向之求理于事物者误也。"这就是有名的龙场悟道，也是王守仁思想中脱离程朱理学，自创心学的关键所在。

正德三年（1508 年）悟道之后，王守仁背弃朱熹向外穷理的格物致知说，在当地建立龙冈书院。贵州提学副使席书聘其主讲贵阳文明书院，他在此首次演讲知行合一说。正德四年（1509 年）末，王守仁的龙场驿丞以满三年奏计，升任江西庐陵（今吉安）知县，五年三月到任，不几月而政清民乐。同年八月，刘瑾罪行暴露被处死后，王守仁升刑部主事。此后，历任南京刑部、吏部清吏司主事，南京太仆寺少卿，鸿胪寺卿，都察院左佥都御史等职。

正德八年（1513 年）王守仁至滁州督马政，滁山水优美，地僻官闲，日与门人遨游琅玡、瀼泉间。月夕则环龙潭而坐者数百人，歌声振山谷。诸生随地请正，踊跃歌舞。旧学之士皆日来臻。于是从游之众自滁始。此时，王守仁的讲学规模逐渐扩大。这一时期王守仁一度强调静坐，要求就思虑萌动处省察克治。

正德十一年（1516年），王守仁升任南赣佥都御史，奉命镇压赣南农民起义。在军事镇压取得成功后，强调思想统治，重视教化，提出"破山中贼易，破心中贼难"的思想，使赣南的统治秩序得到恢复。这期间他在赣县修建濂溪书院，刻印古本《大学》，印发《朱子晚年定论》，其弟子薛侃出版了《传习录》。王守仁平定地方匪患期间，一直倡导在地方设立社学，规范乡约，注重教化。王守仁认为民风不善，匪盗横行，深层原因是由于教化未明。当盗贼稍平，民困渐息后，就其浅近易行者，开导训诲。即行告谕，发南、赣所属各县父老子弟，互相戒勉，兴立社学，延师教子，歌诗习礼。在教化和劝导下，各地的民俗都有所改善。

正德十三年（1518年）六月，升右副都御史，奉旨督兵讨伐宁王宸濠在南昌发动的叛乱。平定皇室宁王朱宸濠反叛，为国家立下大功，拜南京兵部尚书，封"新建伯"。他从自己的经历中，总结了经验，提出"致良知"的学术宗旨。但功高遭忌，受到百般非难，辞官回乡讲学，在绍兴、余姚一带创建书院，宣讲"王学"。嘉靖六年（1527年）复被派总督两广军事，后因肺病加疾，上疏乞归，嘉靖七年（1528年）十一月二十九日（1529年年1月9日）于肺炎病逝于江西南安舟中。在临终之际，王守仁身边学生问他有何遗言，他说："此心光明，亦复何言！"去世后被谥文成，后又追封为新建侯，万历十二年（1584年）从祀于孔庙。

王守仁的著作由他的学生整理编订成《王文成公全书》（《阳明全书》），共三十八卷。其中，前三卷《传习录》上、中、下和第二十六卷《〈大学〉问》，被认为是王守仁的主要哲学著作。《传习录》是王守仁的语录和论学书信的汇编，包含了他哲学思想的基本内容，《〈大学〉问》是王守仁讲授《大学》时的记录，是他的哲学思想的纲要。其他各卷有大量的奏疏、书信、杂著、诗赋等，反映出王守仁的政治态度和学术思想的变化。

二、王守仁的教育思想

王守仁的教育思想建立在其"心学"思想之上，他在继承陆九渊"心学"基础之上，进一步发挥而形成了更完备的"心学"理论系统，形成了与程朱理学分庭抗礼的陆王心学。王守仁一生对教育十分关注，不论是处在顺境或逆境中，他从不脱离讲学活动，所以形成了当时"王学遍天下"的空前盛况。他将自己的哲学思想贯穿在对教育的研究中，以非常独特的视角对教育提出了自己的见解和主张，取得了相当大的成效。

（一）"致良知"成圣人的教育目的

王守仁的教育思想是以他的主观唯心主义的"心学"为基础的。而心的本体就是"良知"。良知就是天理，万事万物都有良知，"人的良知，就是草木瓦石的良知，若草木瓦石无人的良知，不可以为草木瓦石矣。岂惟草木瓦石为然，天地无人的良知，亦不可为天地矣，盖天地万物与人原是一体，其发窍之最精处，是人心一点灵明"。人能通过"人心一点灵明"或"人的良知"与万物沟通，达到天地万物融为一体的境界。但是常人的良知常被物欲、恶念等外物所蒙蔽，所以教育的目的就是去除人欲恶念，恢复纯然的天理良知，也就是致良知。圣人之所以能成为圣人，是因为天理纯全，良知常在。学习"圣人之学，惟是致良知而已"。通过学习和内省恢复本心，人人都可以成为圣人。王守仁非常注重对内心思想的改变，在长期的剿匪过程中，他总结了一句名言："破山中贼易，破心中贼难。"任何人都能通过教化改变，所以王守仁非常注重在从政时加强对地方的教化。"致良知"的思想一直延续在王守仁的思想中，王守仁晚年时作《咏良知四首示诸生》，明确地阐发了人人都能成贤成圣的思想。

其一

个个人心有仲尼，

自将闻见苦遮迷。

而今指与真头面，

只是良知更莫疑。

其二

问君何事日憧憧？

烦恼场中错用功。

莫道圣门无口诀，

良知两字是参同。

其三

人人自有定盘针，

万化根源总在心。

却笑从前颠倒见，

枝枝叶叶外头寻。

其四

无声无臭独知时，

此是乾坤万有基。

抛却自家无尽藏，

沿门持钵效贫儿。

可以说，王守仁的整个教育思想便是如何在"致良知"的过程中，能有"开悟"而遂步"成就"人才的。

（二）"明伦""德教"的教育内容

致良知，成圣人是王守仁教育的目标，为实现这一目标，在学习内容上要注重"明伦""德教"。"古圣贤之学，明伦而已。……人伦明于上，小民亲于下，家齐国治而天下平矣。是故名伦之外无学矣。……"[1] 所谓"人伦"，就是"三纲五常之德"，就是"父子有亲，君臣有义，夫妇有别，长幼有序，朋友有信"的人伦关系。而所有这些封建道德观念，又都是存在于人心的；其所以不能表现出来，只是被物欲蒙蔽了而已。因此，通过教育把它加以恢复和发扬光大，这当然是合乎人心的。"是故明伦之外无学矣"，他强调明伦之学是精一之学，认为："'尧、舜之道，孝弟而已矣。'此所以为惟精惟一之学，放之四海而皆准，施诸后世而无朝夕者也。"教育应该把圣人之说作为教育的主要内容。"学校之中，惟以成德为事"。认为一切教育活动都必须服从和服务于"成德"这一原则，在进行知识学习和德性修养的过程中，要"存心""养心"以"成德"，他说："士之学也，以学为圣贤。圣贤之学，心学也。道德以为之地，忠信以为之基，仁以为宅，义以为路，礼以为门，廉耻以为垣墙，《六经》以为户牖，《四子》以为阶梯。"[2]

在学习过程中，要做到学习"不但勤劳于诗礼章句之间，尤在致力于德行心术之本"；"不是尊德性之外，别有道问学之功；道学问之外，必有尊德性之事也"。可以说，德智交融，交互并进是王守仁"德教"思想的一大特点。此外，王守仁主张"化德性为德行"。在具体的教育实践中，王守仁通过"行德政""举社学"和"立乡约"来推行"化德性为德行"的道德教育实践。

---

[1] 吴光钱，明董平，姚延福.《王阳明全集》[M].《卷七·文录四·万松书院记》上海：上海古籍出版社，2006.253.

[2] 吴光钱，明董平，姚延福.《王阳明全集》[M].《卷二十三·外集五·应天府重修儒学记》上海：上海古籍出版社，2006.900.

（三）静处体悟、知行合一的教育方法

对于如何才能"致良知"，王守仁总结为"静处体悟，事上磨炼"。所谓"静处体悟"，实际上是静坐澄心，反观内省，摈去一切私虑杂念，体认本心，这是对陆九渊"自存本心"思想的继承与发展，也是佛教禅宗的"面壁静坐""明心见性"修行方法的日常运用。王守仁非常重视静坐体悟，其思想的重大转变就是在这种形式中获得的。他在谪居龙场时"日夜端居澄默，以求静一；久之，胸中洒洒。……忽中夜大悟格物致知之旨"。但是，王守仁在晚年时对静坐修身带来的弊端进行了反省："吾昔居滁时，见诸生多务知解，口耳异同，无益于得。姑教之静坐，一时窥见光景，颇收近效；久之渐有喜静厌动，流入枯槁之病，或务为玄解妙觉，动人听闻，故迩来只说致良知。良知明白，随你去静处体悟也好，随你去事上磨练也好。良知本体原是无动无静的，此便是学问头脑。"[1]

相对于静处体悟，王守仁同时提出要注重事上磨练。并且，在事上磨练方面，要改变先知后行的态度，转为知行合一。

要想恢复人心，就要改变以往的先知后行的观点。程朱理学学派倡导先知后行，认为只有通过格物，对事物的事理研究清楚后，自己的学识和心态都达到完善的境界才能把所学付诸实践。否则的话，如果用错误的观点指导实践，带来的后果会使学识越大危害越大。这种先知后行的观点看似稳妥，但是在实践中容易带来另一种危害，就会形成空谈虚伪的社会风气。尤其在明朝社会，许多知识分子一方面高谈圣人之言，另一方面却阿谀权贵，歪曲事理，与圣人之行大相径庭，这在王守仁看来是极大的讽刺。

并且，先知后行的方法带来的另一个更大的弊端是知识没有尽头，如果

---

[1] 吴光钱，明董平，姚延福.《王阳明全集》[M].《卷三·语录三·传习录下》.上海：上海古籍出版社，2006,104—105.

一直在书本中追寻知识，穷尽一生也无法达到完善的境界。这造成了知识分子在探寻真知的途径中不敢付诸实践，也就导致无所作为。"今人却就将知行分作两件去做，以为必先知了然后能行，我如今且去讲习讨论做知的功夫，待知得真了方去做行的功夫，故遂终身不行，亦遂终身不知。此不是小病痛，其来已非一日矣，某今说个知行合一，正是对病的药。"[1] 在王守仁看来，知和行本是一件事，并且不通过实践就不能学习和验证知识。"圣学只一个功夫，知行不可分作两事"，"知、行功夫本不可离"，"不行不足谓之知"。

王守仁心学注重"心为身之主宰"，也即是说，念头动的时候身体未必动，而身体动的时候一定就有念头动了。他非常强调行的动机，认为"一念之动就是行"："今人学问，只因知行分作两件，故有一念发动，虽是不善，然却未曾行，便不去禁止。我今说个知行合一，正要人晓得一念发动处，便即是行了。"[2]

对于知和行的关系，王守仁强调"知者行之始，行者知之成""行之明觉精察处，便是知；知之真切笃实处，便是行"。知和行是一个硬币的两个方面。同时，知行合一，真知必能行，不能行的就不是真知。"真知即所以为行，不行不足谓之知"。知与行互相推进，并且是循环促进的。

三、《传习录上·徐爱录》

《传习录》是王守仁的语录和论学书信。"传习"一词出自《论语》中的"传不习乎"一语。《传习录》中包含了王守仁的主要哲学思想，是研究王守仁思想及心学发展的重要资料，也是研究王守仁教育思想的重要材料。

---

[1] 吴光钱，明董平，姚延福.《王阳明全集》[M].《卷一·语录一·传习录上》.上海：上海古籍出版社，2006.4—5.

[2] 吴光钱，明董平，姚延福.《王阳明全集》[M].《卷三·语录三·传习录下》.上海：上海古籍出版社，2006.96.

（一）《传习录》成书简介

《传习录》分上中下三卷。上卷中前一部分是学生徐爱收集的。徐爱对王守仁语录的记录整理是《传习录》得以成书的主要原因。但是不幸的是徐爱三十一岁早逝，未能完成记录。上卷的其他部分由王守仁的另外两个学生薛侃和陆澄记录整理。1516年，薛侃将他自己以及徐爱、陆澄收集整理的语录编订为一卷，正式刻印刊行，题目就定为《传习录》，也就是今本《传习录》的上卷。上卷语录共129条，其中徐爱录14条，陆澄录80条，薛侃录35条。其中，徐爱所录的虽然只有14条，但涉及阳明心学的一些重要学说，如心性问题，知行关系等，被称为《传习录》中的经典。

1524年，王守仁的弟子，时任绍兴府知府的南大吉在薛侃版本的基础上，增加了王守仁的八篇论学书信，刊行时题名为《续刻传习录》。这些书信包括著名的《答顾东桥书》《答陆原静书》《答欧阳崇一》《答罗整庵少宰书》《教约》等。这些书信直接反映了王守仁的思想，包括了对知行观、良知、致良知等观点的阐述，也有对当时学者批判、责难的回应和反驳。

《传习录上》与《传习录中》刊刻时，王守仁还在世，上卷经王守仁本人审阅，中卷里的书信出自王守仁亲笔，是他晚年的著述。下卷是王守仁去世后，他的及门高足钱德洪向其他学生征集的遗著和语录，钱德洪进行精选整理，编为《传习续录》，这就是现传的《传习录下》。下卷虽未经王守仁本人审阅，但较为具体地解说了他晚年的思想，并记载了王守仁提出的著名的"四句教"。此外还有王守仁与门人关于心学的几次著名讨论，如天泉证道、严滩问答等。

《传习录》三卷虽然篇幅不大，但是比较集中完整地记录了王守仁的心学思想。《传习录》收录了王守仁思想成熟期的论述，囊括了心性之辩，知行关系，良知说等心学重要论题，是研究王守仁思想的重要材料。

徐爱（1488—1518年），字曰仁，号横山。浙江余杭人，王守仁的妹夫，也是王守仁的第一位学生。昍朝正德三年(1508年)进士及第。曾任祁州知州，南京兵部员外郎，南京工部郎中等职务。正德十一年(1516年)，回家乡省亲，不料第二年5月17日就在家乡去世了，终年三十一岁。王守仁痛惜其英年早逝，曾叹曰："曰仁殁，吾道益孤，至望原静者(陆澄)不浅。"

(二)《徐爱录》原文 [1]

(徐爱引言)

先生于《大学》"格物"诸说，悉以旧本为正，盖先儒所谓误本者也。爱始闻而骇，既而疑，已而殚精竭思，参互错综，以质于先生，然后知先生之说若水之寒，若火之热，断断乎"百世以俟圣人而不惑"者也。先生明睿天授，然和乐坦易，不事边幅。人见其少时豪迈不羁，又尝泛滥于词章，出入二氏之学。骤闻是说，皆目以为立异好奇，漫不省究。不知先生居夷三载，处困养静，精一之功固已超入圣域，粹然大中至正之归矣。

爱朝夕炙门下，但见先生之道，即之若易而仰之愈高，见之若粗而探之愈精。就之若近而造之愈益无穷。十余年来，竟未能窥其藩篱。世之君子，或与先生仅交一面，或犹未闻其謦欬，或先怀忽易愤激之心，而遽欲于立谈之间，传闻之说，臆断悬度，如之何其可得也？从游之士，闻先生之教，往往得一而遗二，见其牝牡骊黄而弃其所谓千里者。故爱备录平日之所闻，私以示夫同志，相与考而正之，庶无负先生之教云。

门人徐爱书。

爱问："'在亲民'，朱子谓当作'新民'。后章'作新民'之文似亦有据。先生以为宜从旧本作'亲民'，亦有所据否？"

---

[1] 吴光钱，明董平，姚延福.《王阳明全集》[M].《卷一·语录一·传习录上》.上海：上海古籍出版社，2006.1—11.

先生曰："'作新民'之'新'是自新之民，与'在新民'之'新'不同，此岂足为据？'作'字却与'亲'字相对，然非'亲'字义。下面'治国平天下'处，皆于'新'字无发明。如云'君子贤其贤而亲其亲，小人乐其乐而利其利'，'如保赤子'，'民之所好好之，民之所恶恶之，此之谓民之父母'之类，皆是'亲'字意。'亲民'犹《孟子》'亲亲仁民'之谓，亲之即仁之也。百姓不亲，舜使契为司徒，敬敷五教，所以亲之也。《尧典》'克明峻德'便是'明明德'，以'亲九族'至'平章协和'，便是'亲民'，便是'明明德于天下'。又如孔子言'修己以安百姓'，'修己'便是'明明德'，'安百姓'便是'亲民'。说'亲民'便是兼教养意，说'新民'便觉偏了。"

爱问："'知止而后有定'，朱子以为'事事物物皆有定理'，似与先生之说相戾？"先生曰："于事事物物上求至善，却是义外也。至善是心之本体，只是明明德到至精至一处便是。然亦未尝离却事物。本注所谓'尽夫天理之极，而无一毫人欲之私'者得之"。

爱问："至善只求诸心，恐于天下事理有不能尽？"先生曰："心即理也。天下又有心外之事、心外之理乎？"爱曰："如事父之孝，事君之忠，交友之信，治民之仁，其间有许多理在，恐亦不可不察。"

先生叹曰："此说之蔽久矣，岂一语所能悟！今姑就所问者言之。且如事父，不成去父上求个孝的理；事君，不成去君上求个忠的理；交友治民，不成去友上民上求个信与仁的理。都只在此心，心即理也。此心无私欲之蔽，即是天理，不须外面添一分。以此纯乎天理之心，发之事父便是孝，发之事君便是忠，发之交友、治民便是信与仁。只在此心去人欲、存天理上用功便是。"

爱曰："闻先生如此说，爱已觉有省悟处，但旧说缠于胸中，尚有未脱然者。如事父一事，其间温清定省之类，有许多节目，不亦须讲求否？"

先生曰："如何不讲求？只是有个头脑，只是就此心去人欲、存天理上讲求。就如讲求冬温，也只是要尽此心之孝，恐怕有一毫人欲间杂；讲求夏清，也只是要尽此心之孝，恐怕有一毫人欲间杂。只是讲求得此心。此心若无人欲，纯是天理，是个诚于孝亲的心，冬时自然思量父母的寒，便自要去求个温的道理。夏时自然思量父母的热，便自要去求个清的道理。这都是那诚孝的心发出来的条件，却是须有这诚孝的心，然后有这条件发出来。譬之树木，这诚孝的心便是根，许多条件便是枝叶，须先有根然后有枝叶，不是先寻了枝叶，然后去种根。《礼记》言：'孝子之有深爱者必有和气，有和气者必有愉色，有愉色者必有婉容。'须是有个深爱做根，便自然如此。"

郑朝朔问："至善亦须有从事物上求者？"先生曰："至善只是此心纯乎天理之极便是，更于事物上怎生求？且试说几件看。"

朝朔曰："且如事亲，如何而为温清之节，如何而为奉养之宜，须求个是当方是至善。所以有学问思辨之功。"

先生曰："若只是温清之节、奉养之宜，可一日二日讲之而尽，用得甚学问思辨？惟于温清时，也只要此心纯乎天理之极；奉养时，也只要此心纯乎天理之极。此则非有学问思辨之功，将不免于毫厘千里之谬，所以虽在圣人，犹加'精一'之训。若只是那些仪节求得是当，便谓至善，即如今扮戏子，扮得许多温清奉养的仪节是当，亦可谓之至善矣！"爱于是日又有省。

爱因未会先生知行合一之训，与宗贤、惟贤往复辩论，未能决，以问于先生。先生曰："试举看。"爱曰："如今人尽有知得父当孝、兄当弟者，却不能孝不能弟，便是知与行分明是两件。"

先生曰："此已被私欲隔断，不是知行的本体了。未有知而不行者，知而不行只是未知。圣贤教人知行，正是要复那本体，不是着你只恁的便罢。故《大学》指个真知行与人看，说'如好好色，如恶恶臭'。见好色属知，好好色属行。只见那好色时已自好了，不是见了后又立个心去好；闻恶臭属知，恶恶臭属行，只闻那恶臭时已自恶了，不是闻了后别立个心去恶。如鼻塞人虽见恶臭在前，鼻中不曾闻得，便亦不甚恶，亦只是不曾知臭。就如称某人知孝、某人知弟，必是其人已曾行孝、行弟，方可称他知孝、知弟，不成只是晓得说些孝弟的话，便可称为知孝弟？又如知痛，必已自痛了方知痛；知寒，必已自寒了；知饥，必已自饥了。知行如何分得开？此便是知行的本体，不曾有私意隔断的。圣人教人必要是如此，方可谓之知，不然只是不曾知，此却是何等紧切着实的工夫！如今苦苦定要说知行做两个是什么意？某要说做一个是什么意？若不知立言宗旨，只管说一个两个，亦有甚用？"

爱曰："古人说知行做两个，亦是要人见个分晓，一行做知的功夫，一行做行的功夫，即功夫始有下落。"

先生曰："此却失了古人宗旨也。某尝说：知是行的主意，行是知的功夫。知是行之始，行是知之成。若会得时，只说一个知，已自有行在；只说一个行，已自有知在。古人所以既说一个知，又说一个行者，只为世间有一种人，懵懵懂懂的任意去做，全不解思惟省察，也只是个冥行妄作，所以必说个知，方才行得是；又有一种人，茫茫荡荡悬空去思索，全不肯着实躬行，也只是个揣摸影响，所以必说一个行，方才知得真。此是古人不得已补偏救弊的说话，若见得这个意时，即一言而足。今人却就将知行分作两件去做，以为必先知了然后能行，我如今且去讲习讨论做知的工夫，待知得真了，方去做行的工夫，故遂终身不行，亦遂终身不知。此不是小病痛，其来已非一日矣。某今说个知行合一，正是对病的药，又不是某凿空杜撰，知行本体原是如此。今若知得宗旨时，即说两个亦不妨，亦只是一个；若不会宗旨，便说一个，亦济得甚事？只是闲说话。"

爱问："昨闻先生止至善之教，已觉功夫有用力处，但与朱子格物之训，思之终不能合。"先生曰："格物是止至善之功，既知至善，即知格物矣。"爱曰"昨以先生之教推之格物之说，似亦见得大略。但朱子之训，其于《书》之'精一'，《论语》之'博约'，《孟子》之'尽心知性'，皆有所证据，以是未能释然。"

先生曰："子夏笃信圣人，曾子反求诸己，笃信固亦是，然不如反求之切。今既不得于心，安可狃于旧闻，不求是当？就如朱子亦尊信程子，至其不得于心处，亦何尝苟从'精一''博约''尽心'，本自与吾说吻合，但未之思耳。朱子格物之训，未免牵合附会，非其本旨。精是一之功，博是约之功。曰仁既明知行合一之说，此可一言而喻。'尽心知性知天'，是'生知安行'事；'存心养性事天'，是'学知利行'事；'夭寿不贰，修身以俟'，是'困知勉行'事。朱子错训格物，只为倒看了此意，以'尽心知性'为'格物知至'，要初学便去做'生知安行'事，如何做得？"

爱问："'尽心知性'何以为'生知安行'？"先生曰："性是心之体，天是性之原，尽心即是尽性。惟天下至诚为能尽其性，知天地之化育。存心者，心有未尽也。知天，如知州、知县之知，是自己分上事，己与天为一。事天，如子之事父、臣之事君，须是恭敬奉承，然后能无失，尚与天为二。此便是圣贤之别。至于夭寿不贰其心，乃是教学者一心为善，不可以穷通夭寿之故，便把为善的心变动了，只去修身以俟命，见得穷通寿夭有个命在我，我亦不必以此动心。事天虽与天为二，已自见得个天在面前。俟命便是未曾见面，在此等候相似，此便是初学立心之始，有个困勉的意在。今却倒做了，所以使学者无下手处。"

爱曰："昨闻先生之教，亦影影见得功夫须是如此，今闻此说，益无可疑。爱昨晓思，格物的物字，即是事字，皆从心上说。"先生曰："然。身之主宰便是心，心之所发便是意，意之本体便是知，意之所在便是物。如意在于事亲，即事亲便是一物；意在于事君，即事君便是一物，意在于仁民爱物，即仁民爱物便是一物，意在于视听言动，即视听言动便是一物。所以某说：'无心外之理，无心外之物。'《中庸》言,'不诚无物'。《大学》'明明德'之功,只是个诚意,诚意之功,只是个格物。"

先生又曰:"'格物'如《孟子》'大人格君心'之'格',是去其心之不正,以全其本体之正。但意念所在,即要去其不正以全其正,即无时无处不是存天理,即是穷理。天理即是明德,穷理即是明明德。"

又曰:"知是心之本体,心自然会知。见父自然知孝,见兄自然知弟,见孺子入井自然知恻隐,此便是良知,不假外求。若良知之发,更无私意障碍,即所谓'充其恻隐之心,而仁不可胜用矣'。然在常人不能无私意障碍,所以须用致知格物之功,胜私复理,即心之良知更无障碍,得以充塞流行,便是致其知,知致则意诚。"

爱问:"先生以博文为约礼功夫,深思之未能得,略请开示。"先生曰:"礼字即是理字。理之发见可见者谓之文,文之隐微不可见者谓之理,只是一物。约礼只是要此心纯是一个天理。要此心纯是天理,须就理之发见处用功,如发见于事亲时,就在事亲上学存此天理;发见于事君时,就在事君上学存此天理;发见于处富贵贫贱时,就在处富贵贫贱上学存此天理;发见于处患难夷狄时,就在处患难夷狄上学存此天理;至于作止、语默,无处不然,随他发见处,即就那上面学个存天理。这便是博学之于文,便是约礼的功夫。博文即是惟精,约礼即是惟一。"

爱问:"'道心常为一身之主,而人心每听命',以先生精一之训推之,此语似有弊。"先生曰:"然。心一也,未杂于人谓之道心,杂以人伪谓之人心。人心之得其正者即道心,道心之失其正者即人心,初非有二心也。程子谓:'人心即人欲,道心即天理。'语若分析,而意实得之。今曰'道心为主而人心听命',是二心也。天理、人欲不并立,安有天理为主,人欲又从而听命者?"

爱问文中子、韩退之。先生曰:"退之,文人之雄耳。文中子,贤儒也。

后人徒以文词之故，推尊退之，其实退之去文中子远甚。"爱问："何以有拟经之失？"先生曰："拟经恐未可尽非。且说后世儒者著述之意，与拟经如何？"爱曰："世儒著述，近名之意不无，然期以明道；拟经纯若为名。"先生曰："著述以明道，亦何所效法？"曰："孔子删述《六经》以明道也。"先生曰："然则拟经独非效法孔子乎？"爱曰："著述即于道有所发明，拟经似徒拟其迹，恐于道无补。"

先生曰："子以明道者，使其反朴还淳而见诸行事之实乎，抑将美其言辞而徒以诶诶于世也？天下之大乱，由虚文胜而实行衰也。使道明于天下，则《六经》不必述。删述《六经》，孔子不得已也。自伏羲画卦至于文王、周公，其间言《易》如《连山》《归藏》之属，纷纷籍籍，不知其几，《易》道大乱。孔子以天下好文之风日盛，知其说之将无纪极，于是取文王、周公之说而赞之，以为惟此为得其宗。于是纷纷之说尽废，而天下之言《易》者始一。《书》《诗》《礼》《乐》《春秋》皆然。《书》自《典》《谟》以后，《诗》自《二南》以降，如《九丘》《八索》，一切淫哇逸荡之词，盖不知其几千百篇。礼乐之名物度数，至是亦不可胜穷，孔子皆删削而述正之，然后其说始废。如《书》《诗》《礼》《乐》中，孔子何尝加一语？今之《礼记》诸说，皆后儒附会而成，已非孔子之旧。至于《春秋》，虽称孔子作之，其实皆鲁史旧文。所谓笔者，笔其书；所谓削者，削其繁，是有减无增。孔子述《六经》，惧繁文之乱天下，惟简之而不得，使天下务去其文以求其实，非以文教之也。春秋以后，繁文益盛，天下益乱。始皇焚书得罪，是出于私意，又不合焚《六经》。若当时志在明道，其诸反经叛理之说，悉取而焚之，亦正暗合删述之意。自秦汉以降，文又日盛，若欲尽去之，断不能去，只宜取法孔子，录其近是者而表章之，则其诸怪悖之说亦宜渐渐自废。不知文中子当时拟经之意如何，某切深有取于其事，以为圣人复起不能易也。天下所以不治，只因文盛实衰，人出己见，新奇相高，以眩俗取誉，徒以乱天下之聪明，涂天下之耳目，使天下靡然，争务修饰文词，以求知于世，而不复知有敦本尚实、反朴还淳之行。是皆著述者有以启之。"

爱曰："著述亦有不可缺者，如《春秋》一经，若无《左传》，恐亦难晓。"先生曰："《春秋》必待传而后明，是歇后谜语矣。圣人何苦为此艰深隐晦之词？《左传》多是鲁史旧文，若《春秋》须此而后明，孔子何必削之？"爱曰："伊川亦云：'传是案，经是断。'如书弑某君，伐某国，若不明其事，恐亦难断。"先生曰："伊川此言，恐亦是相沿世儒之说，未得圣人作经之意。如书弑君，即弑君便是罪，何必更问其弑君之详？征伐当自天子出，书伐国，即伐国便是罪，何必更问其伐国之详？圣人述《六经》，只是要正人心，只是要存天理、去人欲。于存天理、去人欲之事，则尝言之，或因人请问，各随分量而说，亦不肯多道，恐人专求之言语，故曰'予欲无言'。若是一切纵人欲、灭天理的事，又安肯详以示人？是长乱导奸也。故孟子云：'仲尼之门，无道桓、文之事者。是以后世无传焉。'此便是孔门家法。世儒只讲得一个伯者的学问，所以要知得许多阴谋诡计，纯是一片功利的心，与圣人作经的意思正相反，如何思量得通？"因叹曰："此非达天德者。未易与言此也！"

又曰："孔子云：'吾犹及史之阙文也。'孟子云：'尽信书，不如无书。吾于《武成》取二三策而已。'孔子删《书》，于唐、虞、夏四五百年间不过数篇，岂更无一事？而所述止此，圣人之意可知矣。圣人只是要删去繁文，后儒却只要添上。"

爱曰："圣人作经，只是要去人欲，存天理。如五伯以下事，圣人不欲详以示人，则诚然矣。至如尧舜以前事，如何略不少见？"先生曰："羲、黄之世，其事阔疏，传之者鲜矣。此亦可以想见，其时全是淳庞朴素、略无文采的气象，此便是太古之治，非后世可及。"爱曰："如《三坟》之类，亦有传者，孔子何以删之？"先生曰："纵有传者，亦于世变渐非所宜。风气益开，文采日胜，至于周末，虽欲变以夏、商之俗，已不可挽，况唐、虞乎？又况羲、黄之世乎？然其治不同，其道则一。孔子于尧、舜则祖述之，于文、武则宪章之。文、武之法即是尧、舜之道，但因时致治，其设施政令已自不同。即夏商事业施之于周，已有不合，故'周公思兼三王，其有不合，仰而思之，夜以继日'，况太古之治，岂复能行？斯固圣人之所可略也。"又曰："专事无为，不能如三王之因时致治，而必欲行以太古之俗，即是佛、老的学术。因时致治，不能如三王之一本于道，而以功利之心行之，即是伯者以下事业。后世儒者许多讲来讲去，只是讲得个伯术"。

又曰："唐、虞以上之治，后世不可复也，略之可也。三代以下之治，后世不可法也，削之可也。惟三代之治可行，然而世之论三代者，不明其本而徒事其末，则亦不可复矣！"

爱曰："先儒论《六经》，以《春秋》为史。史专记事，恐与《五经》事体终或稍异。"先生曰："以事言谓之史，以道言谓之经。事即道，道即事。《春秋》亦经，《五经》亦史。《易》是包牺氏之史，《书》是尧、舜以下史，《礼》《乐》是三代史。其事同，其道同，安有所谓异？"

又曰："《五经》亦只是史，史以明善恶、示训戒。善可为训者，时存其迹以示法。恶可为戒者，存其戒而削其事以杜奸"。爱曰："存其迹以示法，亦是存天理之本然，削其事以杜奸，亦是遏人欲于将萌否？"先生曰："圣人作经，固无非是此意，然又不必泥着文句。"爱又问："恶可为戒者，存其戒而削其事以杜奸，何独于《诗》而不删郑、卫？先儒谓'恶者可以惩创人之逸志'，然否？"先生曰："《诗》非孔门之旧本矣。孔子云：'放郑声，郑声淫。'又曰：'恶郑声之乱雅乐也。''郑卫之音，亡国之音也。'此是孔门家法。孔子所定三百篇，皆所谓雅乐，皆可奏之郊庙，奏之乡党，皆所以宣畅和平，涵泳德性，移风易俗，安得有此？是长淫导奸矣。此必秦火之后，世儒附会，以足三百篇之数。盖淫洪之词，世俗多所喜传，如今闾巷皆然。'恶者可以惩创人之逸志'，是求其说而不得，从而为之辞"。

（徐爱跋）

爱因旧说汩没，始闻先生之教，实是骇愕不定，无入头处。其后闻之既久，渐知反身实践，然后始信先生之学为孔门嫡传，舍是皆傍蹊小径、断港绝河矣。如说格物是诚意的工夫，明善是诚身的工夫，穷理是尽性的工夫，道问学是尊德性的工夫，博文是约礼的工夫，惟精是惟一的工夫，诸如此类，始皆落落难合，其后思之既久，不觉手舞足蹈。

（三）《徐爱录》解析

1. 论三纲领

王守仁引用《尧典》对"明明德"和"亲民"进行了阐述。"克明峻德"便是"明明德"，"亲九族"达到"平章协和"，就是"亲民"，就是"明明德于天下"。王守仁又引用孔子"修己以安百姓"的论点，认为"修己"便是"明明德"，"安百姓"便是"亲民"。王守仁认为朱熹把"亲民"解释成"新民"偏了。王守仁举出"君子贤其贤而亲其亲。小人乐其乐而利其利"，"如保赤子"，"民之所好好之。民之所恶恶之。此之谓民之父母"这些论述，认为在这些论述中"亲民"之"亲"都是"亲"字意。尤其是在《孟子》中的"亲亲""仁民"之说，亲之就是仁之。"百姓不亲，舜使契为司徒，敬敷五教，所以亲之也。"

王守仁对至善也进行了解释，至善是心的本体，只要明明德到精至一处就是至善。然而至善也从未离开事物。"尽夫天理之极而无一毫人欲之私"的人就达到至善了。至善只有心追求天理到极致就达到了。因此，王守仁强调，"于事事物物上求至善，却是义外也。"

王守仁以温清、奉养为例说明如何求得"至善"。王守仁认为，只是求温清之节、奉养之宜，可以一两天并完，用不上什么学问思辨；只有温清时心追求天理达到极致，奉养时心追求天理达到极致，才需要学问思辨。如果没有学问思辨的功夫，就像当前扮戏子一样，扮演许多温清奉养的礼节，也可以说成善了；所以即使对于圣人，也要加强精一的功夫，否则将会差之毫厘，谬以千里。

2. 论心即理

徐爱问："至善只求诸心，恐于天下事理，有不能尽。"意思是如果只在内心中寻求至善，对天下众多事物就未免会疏忽。这个问题的提出，体现背后的困惑是王守仁学说与朱子学说的矛盾。按照传统的朱子学体察天理的方法，万事万物都有一个定理，只有通过"即物穷理"的方法，在一事一物上体察探究，才能最终通晓万物的事理。所以徐爱问，朱子的"事事物物皆有定理"好像与王守仁的观点相悖。但是王守仁的观点与朱子的相反，王守仁认为，"心即理也。天下又有心外之事、心外之理乎？"对于徐爱的疑惑，王守仁明确提出了"心即理"的观点。

按照王守仁的观点，作为道德法则的"理"不存在于道德行为的对象上而在实践者身上，如侍奉父亲要讲求的孝心不在父亲身上而在儿子身上。同理，事君、交友、治民等所讲的忠、信、仁这些道德原则也都存在于行为主体的心中，"都只在此心，心即理也。"心没有私欲之蒙蔽，就是天理，不须外面添加一分。王守仁进一步指出事君、交友、治民的功夫所在，"以此纯乎天理之心，发之事父便是孝。发之事君便是忠，发之交友治民便是信与仁。只在此心去人欲存天理上用功便是。"

在阐述如何求去人欲存天理上，王守仁用事父中的温清定省为例，分析了讲求节目和存天理的关系。先生认为，"只是就此心去人欲，存天理上讲求"。就像讲求冬温，也只是要讲求此心之孝，恐怕有一毫人欲间杂；讲求夏清，也只是要尽此心之孝，恐怕有一毫人欲间杂。只是讲求得此孝的心。此心如果没有人欲蒙蔽，纯是天理，是个诚于孝亲的心，冬时和夏时自然会思量父母的寒和热,就自己要去求个温和清的道理。孝和事父就如同树木的根和叶一样,事父是孝发出的条件,必须先有根然后有叶, 而不是相反。王守仁引用《礼记》的话 "孝子之有深爱者必有和气, 有和气者必有欲愉色, 有愉色者, 必有婉容",并进一步阐明,孝一定是有个深爱做根基,才会自然而然地这样做。

3. 论知行关系

"知行合一" 是王守仁学说中的重要论点,他曾与学生反复讲习辨析。徐爱的记录中开启了"知行合一"的讨论。知与行往往被认为是两个独立的问题,如何理解知行合一, 是当时学生难以理解的问题。在程朱理学的讨论中, 知行关系被朱熹总结为"知行先后""行重知轻""知行相须"。即知与行相互依赖,但是在具体的分解上,知要先于行,在实践上,行重于知。本着这种理解,徐爱对日常生活中存在的知行不合一问题提出质疑:"如今人尽有知得父当孝、兄当弟者, 却不能孝不能弟。便是知与行分明是两件。"

对于这一问题的解释,王守仁认为理论与实践之所以被隔离,是因为他们的心都被"私欲隔断"了,人心失落,这时的人心并不是原本的"知行的本体"。没有知而不行的,知而不行就是未知。圣贤教育人知与行,就是要回到本体, 不是让你认识就行了。所以在《大学》中举出"好好色, 如恶恶臭"的例子向人们说明真知,看见好色(恶臭) 属于知,喜欢好色(厌恶恶臭)属于行。只要见好色(恶臭)时已经自己喜欢(厌恶)了, 而不是见了后又立个心去喜欢(厌恶);假如鼻塞的人虽然见到恶臭在眼前, 鼻子没有闻到, 便不是很厌恶,也只是不曾知臭而已。就像说某人知孝某人知悌一样,一定是这个人已经行孝行悌,才可以说他知孝知悌,而不是知道说些孝悌的话,就可以称为知孝悌。又如知痛、寒、饥,一定已经自己痛、寒、饥了。知行是不可分的,这就是知行的本体,不曾有私意隔断的。"圣人教人必要是如此方可谓之知,不然只是不曾知。"

　　徐爱的第二个问题是知行应该划分而谈，这样人们就知道求知和实践是两个都应该修行的功夫。王守仁也承认这样的理解有一定道理，但是这是古人不得已补偏救弊的方法，但是正确的说法应该是"知是行的主意，行是知的功夫；知是行之始，行是知之成。"这与朱熹"知行相须"的观点看起来一致，但是王守仁更注重的是强调知与行是同一个过程的开始与结束，"只说一个知，已自有行在；只说一个行，已自有知在。"在这个过程中，知虽然有一定的指导意义，但是只有行才具有最终的决定性作用。王守仁也解释古人为什么说"一个知又说一个行"，这只是因为"世间有一种人，懵懵懂懂的任意去做，全不解思维省察，也只是个冥行妄作，所以必说个知，方才行得是；又有一种人，茫茫荡荡悬空去思索。全不肯着实躬行，也只是个揣摸影响，所以必说一个行，方才知得真。"王守仁认为，这是古人不得已补偏救弊才说的话。但是当时的人把知行分作两件事去做，以为必先知后行。出现先做知的功夫，待知得真了才去做行的功夫，所以终身不行，也就终身不知。王守仁认为，这不是小病痛，而且存在时间不短了。王守仁指出，知行合一正是对这个病下的药，不是没有根据的杜撰，知行本体也原本就是这样的。

　　王守仁认为，如果不知道立言宗旨，说一个也没有什么用。如果知道宗旨，即使说两个也无妨，也只是一个。王守仁认为按照知行合一的立言宗旨指导为学为人，就能改变当时社会普遍存在的知行割裂的问题，即"终身不行，亦遂终身不知"。这对当时以及后世的教育中重知识轻实践问题仍有深刻的启示意义。

4. 论格物致知

　　由"心即理"推演出的教育方式就不是朱子学派的向外寻求天理与道德意义，不是在一事一物上推理，而是回归内心，把抽象的普遍事理具体化为个人的内心信仰。这也必然推演出阳明晚期"致良知"的观点。因为每个人秉性不同,在教育上就应该尊重每个人的"致良知"过程的独特性,反对"通做一般"的普遍性培养,而要"随才成就"。

在《徐爱录》中,王守仁把格物与止于至善联系起来,在王守仁看来,"格物是止至善之功,既知至善,即知格物矣。"针对徐爱在朱子之训上的"其于《书》之'精一',《论语》之'博约',《孟子》之'尽心知性',皆有所证据,以是未能释然",王守仁引用子夏和曾子两个人对待圣人的态度展开了其论述,子夏相信圣人,曾子反求诸己,笃信当然也是对的,但是不如反求诸己更恰当。王守仁告诉徐爱说,既然不能得之于心,为什么还要迷信于旧闻,不求正确恰当呢?就如朱子,也尊信程子,至其不得于心地方,也何尝姑且听从?王守仁就此展开了与朱熹不同的对格物致知的认识,王守仁认为,"尽心知性知天",是用本能的知识自然而然地做事;"存心养性事天",是有用学到的知识有利于去做事;"夭寿不贰,修身以俟",是克服困难获得知识努力去做事。

接着,王守仁详细地论述了这三种情况。什么是尽心?王守仁认为,"性是心之体,天是性之原",尽心就是尽性,达到诚的最高境界才能尽其性,才能知道天地间的规律。什么是存心?存心者,心还有发展到极限。洞悉了天意,如知道州、知道县的那些知识,是自己分上事,已与天为一。事天,如子之事父,臣之事君,一定恭敬奉承,然后能无过失。还是与天为二。这就是圣贤间的区别。至于夭寿不贰其心,乃是教人一心做善事。不能因为穷富命长命短的原因,就改变做善事的心,而只是去修身遵从天命,见到穷富命长命短,自己遵从天命,也不必因为这改变为善之心。事天虽与天为二,已经自见到天在面前。俟命就是未曾见面,与在此等候相似,这就是初学者立心的开始,有个困勉的意在。王守仁批评当时人却倒做了,所以使学者无从下手学习。

王守仁认为,身的主宰是心,心的所想是意,意的本体是知,意的所在是物。王守仁对此进行了详细阐述。如果意在于事亲,事亲就是一物,意在于事君，事君就是一物，意在于仁民爱物，仁民爱物就是一物，意在于视听言动，视听言动就是一物。所以没有心外之理，没有心外之物。《中庸》说"不诚无物"。《大学》里所说的"明明德"之功，就是诚意，诚意之功，就是格物。王守仁说，"格物"就像《孟子》中所说的"大人格君心"的"格"，意思是去除其心之不正，以恢复其本体之正。但意念所在，要去除其不正恢复其正，就要无时无处不是存天理，就是穷理。这里王守仁认为，天理就是明德，穷理就是明明德。

王守仁认为，知是心的本体，心自然会知。看见父自然知道孝，看见兄自然知道悌，见小孩子入井自然知道同情，这就是良知，不用借助外物来获得。若良知产生时，没有私意阻碍，也就是所谓"充其恻隐之心，而仁不可胜用矣"。但是常人不可能没有私意阻碍，所以做致知格物的实践，战胜私欲，复得天理，那心之良知就是没有阻碍了，心中充满和流动着良知，就是人可以致知了。知致也就意诚。

王守仁认为理也是一物，他论述了约理的功夫。王守仁认为，礼字就是理字。理的表现可见的叫文，文中隐蔽不可见的叫理，只是一物。用礼约束自己就要心纯是一个天理。要心纯是天理，一定要在理表现的地方用实践，如表现于事亲时就在事亲上学习存此天理；表现于事君时，就在事君上学习存此天理；表现在富贵贫贱时，就在富贵贫贱上学习存此天理；表现在身处困境偏远地方时，就在身处困境偏远地方上学习存此天理；至于日常生活中的言行举止，无处不是这样，随它表现在什么地方，就在那上面学个存天理。这就是博学存天理于文，就是用礼约束自己的实践。博文即是惟精，约礼即是惟一。

5. 论道心与人心

王守仁针对道心与人心的主从关系说，提出道心与人心是一个心的主张。王守仁具体论述这个观点。王守仁认为，没有杂于人为就叫它道心，杂以人为就叫它人心。人心得到匡正者就是道心，道心之失其正就是人心，一开始就没有两个心。王守仁引用程子的"人心就是人的私欲，道心就是天理"。认为，这句话如果认真分析，就可以真正分析出实际意思。王守仁认为当时所说的"道心为主而人心听命"，是两个心。天理人欲不能并立，没有天理为主，人欲又从而听命的。心即理，人心与道心是统一的，区分道心与人心关键看有没有杂于人为。

6. 论文经史

王守仁持抑文扬经的态度。王守仁通过对比文中子和退之，说明了他这种态度。王守仁认为，文中子，是贤儒也。后人只以文词的原因，推尊退之，其实退之比文中子差远了。

王守仁认为，天下之所以大乱是因为虚文胜实行衰退。孔子通过让经返还淳朴，见诸行事之实来明道。王守仁认，为删述《六经》，是孔子不得已的做法，如果道明于天下的话，《六经》没有必要述。从伏羲画卦到文王、周公，其间研究《易》的学说如《连山》《归藏》非常多，不知有多少，结果《易》道大乱。因此，孔子选择文王、周公之说并认为只有他们反映了《易》的宗旨。于是众说废，天下关于《易》的学说开始得到统一。《书》《诗》《礼》《乐》《春秋》都是这样。如《书》《诗》《礼》《乐》中，孔子没有增加过一句话。王守仁认为，当时关于《礼记》的诸多学说已不是孔子以前拟的，都是后儒们穿凿附会的。至于《春秋》虽然被说成是孔子作的，其实都是鲁史的旧文。

孔子述《六经》，是害怕繁文纷乱天下，不得已只能删繁就简，使天下必须去除其文饰求其实，不是教学生文饰。春秋以后繁文更兴盛，天下更加纷乱。秦始皇出于私意焚书，又不合焚《六经》，如果当时志在明道，其他反经叛理的学说都拿去烧了，也正好与删述之意暗合。自秦汉以来，文又日益兴盛，如果想都去除，一定不能去除了。只以取法孔子收录那接近《六经》宗旨的加以表彰，那么其他荒唐学说也就渐渐自废。天下之所以不治，只因文学兴盛实学衰退，人们各有己见，以新奇比较高下，让世俗感觉新奇以博得名誉，只用乱天下之聪明来弄糊涂天下的耳目，使天下文学风行，争相进行修饰文词以求知名于世，而不再知道回复本原以尚实尚行。王守仁认为，《春秋》一定要用《左传》才能说明白，这就成了歇后谜语。圣人为什么做这样艰深难懂的经呢？《左传》多是鲁史旧文，如果《春秋》必须用它来说明，孔子为什么要删除呢？

王守仁批判伊川的"传是案，经是断"的说法，认为伊川这个说法恐怕是沿袭了世儒的说法，没有得到圣人作经的宗旨。如书弑君，即弑君就是罪，又何必要问弑君的详细情况呢？征伐应当出自天子，书伐国，即伐国就是罪，何必再问其伐国的详细情况？"圣人述《六经》，只是要正人心，只是要存天理、去人欲。对存天理、去人欲的事，就曾经谈到，能根据人的不同资质来说明，都根据天资来讲述，也不肯多说，恐人专追求言语，故曰"我本来不想说"。假如是一切纵人欲、灭天理的事，又怎么肯详细展示于人呢？这是助长乱事导致奸妄滋生啊。所以孟子说："孔子之门，不说齐桓公、齐文公的事。所以后世没有流传下来。"这就是孔门家法。世儒只讲求一个长幼之道的学问。所以要知道许多阴谋诡计，都是一片功利的心，与圣人作经的意思恰好相反，怎么能思量得通啊！所以哀叹说："这是没有达到天德，不容易和他说这些。"

王守仁引用孔子和孟子的观点支持自己的观点。孔子说："我才到史的阙文。"孟子说："尽信书不如无书。我在《武成》中，只取了二三策罢了。"王守仁认为，孔子删书，在唐、虞、夏四五百年间不过几篇，岂更无一事？而所述停留在这个程度，圣人的旨意便可以知道了。圣人只是要删去繁文，后儒却只要添上。王守仁解释了尧舜之前事为什么少。王守仁认为，伏羲黄帝的时代，其事离得远而且少，传得少。这也可以想到，那时都是淳朴、简单没有文采的氛围，这就是太古的治学，不是后世所能比的。

王守仁又解释了孔子为什么要删除诸如《三坟》之类有人传的内容。王守仁认为，即使有传的，与世之变化逐渐不合时宜。风气日益开放，文采逐渐兴盛，到了周末，即使想变回夏商之俗，已经是不可能的了，何况唐虞呢？更何况羲黄之世呢？然而其治学方法不同，其道却是一样的。孔子对尧舜祖述之，对文武则宪章之。文武之法即使是尧舜之道，也要根据时代进行治学，它的设施政令已不相同。即使夏商事业在周实施，已经有所不合的了，太古的治学，就更不行了。这是原来圣人之所以可以省略这些内容的原因。王守仁认为，专门盯着某事而无所作为，不能像三王根据时代进行治学，而一定要根据太古之俗行事，就是佛老的学术；根据时代进行治学，不能如三王那样追求道的统一宗旨（一本于道），而凭着功利之心治学，即是长幼以下事业。后世许多儒者讲来讲去，只是讲了个伦理之学。

王守仁认为，唐虞以上之治学，后世不可能重复了，省略可以。三代以下的治学，后世不可效法，削除可以。惟三代的治学可行，但是论三代的人，不明三代之本而追求其末，那也不可以恢复了。

王守仁对史与经进行辨析。王守仁认为，用事说叫史，用道说叫经。"事即道，道即事。《春秋》亦经，《五经》亦史。"王守仁进一步从具体内容展开了说明，"《易》是包羲氏之史，《书》是尧舜下史，《礼》《乐》是三代史。"事相同，道相同，没有差异。

王守仁认为，"存其迹以示法，亦是存天理之本然，削其事以杜奸，亦是遏人欲于将萌"，但是又不一定执着于文句。针对为什么《诗》不删郑卫的内容的质问，王守仁认为，《诗》不是孔门的旧本。之所以这样判断，王守仁引用孔子的话进行说明。孔子说："放郑声，郑声淫。"又说"不喜欢郑的音乐扰乱雅乐。""郑卫的音乐，亡国的音乐。"这是孔门家法。王守仁据此认为，孔子所定三百篇音乐，都是所谓的雅乐，都可在郊庙演奏，在乡党演奏，都可以宣扬和平，涵咏德性，移风易俗，不可能有郑卫的内容。这是助长淫乱诱导奸妄。这一定是焚书（秦火）之后世儒者牵强附会，以凑足三百篇这个数。大概淫乱放纵之词，世俗多数喜欢传播，当时间巷都是这样。"恶的东西可以惩创人的贪图安乐的想法"，只是想要得到学说但得不到，从而为当时的经学状况找到的托词而已。

四、《传习录中·答顾东桥书》

顾东桥（1476—1545），名鳞，字华玉，号东桥。江苏江宁人。进士，官至南京刑部尚书。钱德洪的序是《答人论学书》，而《阴阳全书》则用《答顾东桥书》。在《答顾东桥书》中，王守仁对顾东桥提出的一些质疑进行了详尽的回答，有知行问题、格物问题、良知问题等。这封信是了解王守仁教育学说中教育目的、为学秩序、为学方法的重要资料。

（一）《答顾东桥书》原文 [1]

来书云："近时学者务外遗内，博而寡要，故先生特倡'诚意'一义，针砭膏肓，诚大惠也。"吾子洞见时弊如此矣，亦将何以救之乎? 然则鄙人之心，吾子固已一句道尽，复何言哉! 复何言哉! 若诚意之说，自是圣门教人用功第一义，但近世学者乃作第二义看，故稍与提掇紧要出来，非鄙人所能特倡也。

来书云："但恐立说太高，用功太捷，后生师传，影响谬误，未免坠于佛氏明心见性、定慧顿悟之机，无怪闻者见疑。"

区区"格、致、诚、正"之说，是就学者本心、日用事为间，体究践履，实地用功，是多少次第，多少积累在! 正与空虚顿悟之说相反。闻者本无求为圣人之志，又未尝讲究其详，遂以见疑，亦无足怪。若吾子之高明，自当一语之下便了然矣。乃亦谓"立说太高，用功太捷"，何邪?

---

[1]　吴光钱，明董平，姚延福.《王阳明全集》[M].《卷二·语录二·传习录中》.上海：上海古籍出版社，2006.41—57.

来书云:"所喻知行并进,不宜分别前后,即《中庸》'尊德性而道问学'之功,交养互发,内外本末,一以贯之之道。然工夫次第,不能无先后之差,如知食乃食,知汤乃饮,知衣乃衣,知路乃行,未有不见是物先有是事,此亦毫厘倏忽之间,非谓有等,今日知之而明日乃行也。"

既云"交养互发,内外本末一以贯之",则知行并进之说无复可疑矣,又云"工夫次第,不能无先后之差",无乃自相矛盾已乎?"知食乃食"等说,此尤明白易见,但吾子为近闻障蔽,自不察耳。夫人必有欲食之心,然后知食,欲食之心即是意,即是行之始矣。食味之美恶,必待入口而后知,岂有不待入口而已先知食味之美恶者邪? 必有欲行之心,然后知路,欲行之心即是意,即是行之始矣。路歧之险夷,必待身亲履历而后知,岂有不待身亲履历而已先知路歧之险夷者邪?"知汤乃饮,知衣乃服",以此例之,皆无可疑,若如吾子之喻,是乃所谓不见是物而先有是事者矣。吾子又谓"此亦毫厘倏忽之间,非谓截然有等今日知之,而明日乃行也"。是亦察之尚有未精,然就如吾子之说,则知行之为合一并进,亦自断无可疑矣。

来书云:"真知即所以为行,不行不足谓之知,此为学者吃紧立教,俾务躬行则可。若真谓行即是知,恐其专求本心,遂遗物理,必有暗而不达之处,抑岂圣门知行并进之成法哉?"

知之真切笃实处即是行,行之明觉精察处即是知。知行功夫本不可离,只为后世学者分作两截用功,失却知行本体,故有合一并进之说。真知即所以为行,不行不足谓之知。即如来书所云"知食乃食"等说可见,前已略言之矣。此虽吃紧救弊而发,然知行之体本来如是,非以己意抑扬其间,姑为是说,以苟一时之效者也。"专求本心,遂遗物理",此盖失其本心者也。夫物理不外于吾心,外吾心而求物理,无物理矣;遗物理而求吾心,吾心又何物邪? 心之体,性也,性即理也。故有孝亲之心,即有孝之理;无孝亲之,心即无孝之理矣;

有忠君之心，即有忠之理；无忠君之心，即无忠之理矣。理岂外于吾心邪？晦庵谓"人之所以为学者，心与理而已。心虽主乎一身，而实管乎天下之理，理虽散在万事，而实不外乎一人之心"。是其一分一合之间，而未免已启学者心、理为二之弊。此后世所以有"专求本心，遂遗物理之患"，正由不知心即理耳。夫外心以求物理，是以有暗而不达之处，此告子义外之说，孟子所以谓之不知义也。心一而已，以其全体恻怛而言谓之仁，以其得宜而言谓之义，以其条理而言谓之理；不可外心以求仁，不可外心以求义，独可外心以求理乎？外心以求理，此知行之所以二也；求理于吾心，此圣门知行合一之教，吾子又何疑乎？

　　来书云："所释《大学》古本，谓致其本体之知，此固孟子尽心之旨，朱子亦以虚灵知觉为此心之量，然尽心由于知性，致知在于格物。"

　　"尽心由于知性，致知在于格物"，此语然矣。然而推本吾子之意，则其所以为是语者，尚有未明也。朱子以"尽心、知性、知天"为格物、知致，以"存心、养性、事天"为诚意、正心、修身，以"夭寿不贰，修身以俟"为知至、仁尽，圣人之事。若鄙人之见，则与朱子正相反矣。夫尽心、知性、知天者，生知安行，圣人之事也。存心、养性、事天者，学知利行，贤人之事也。夭寿不贰，修身以俟者，困知勉行，学者之事也。岂可专以尽心知性为知，存心养性为行乎？吾子骤闻此言，必又以为大骇矣。然其间实无可疑者，一为吾子言之。夫心之体，性也；性之原，天也。能尽其心，是能尽其性矣。《中庸》云："惟天下至诚为能尽其性"；又云："知天地之化育"，"质诸鬼神而无疑，知天也"。此惟圣人而后能然，故曰：此生知安行，圣人之事也。存其心者，未能尽其心者也，故须加存之之功；必存之既久，不待于存而自无不存，然后可以进而言尽。盖知天之知，如知州、知县之知，知州则一州之事皆己事也，知县则一县之事皆己事也，是与天为一者也。事天则如子之事父，臣之事君，犹与天为二也。天之所以命于我者，心也，性也，吾但存之而不敢失，养之而不敢害，如父母全而生之，子全而归之者也。故曰此学知利行，贤人之事也。至于夭寿不贰，则与存其心者又有间矣。存其心者虽未能尽其心，固已一心于为善，时有不存，则存之而已。今使之夭寿不贰，是犹以夭寿贰其心者也，犹以夭寿贰其心，是其为善之心犹未能一也，存之尚有所未可，而何尽之可云乎？今且使之不以夭寿贰其为善之心，若曰死生夭寿皆有定命，吾但一心于为善，修吾之身以俟天命而已，是其平日尚未知有天命也。事天虽与天为二，然已真知天命之所在，但惟恭敬奉承之而已耳。若俟之云者，则尚未能真知天命之所在，犹有所俟者也，故曰所以立命。立者创立之立，如立德、立言、立功、立名之类，凡言立者，皆是昔未尝有而今始建立之谓，孔子所谓"不知命，无以为君子"者也。故曰此困知勉行，学者之事也。今以尽心知性知天为格物致知，使初学之士尚未能不贰其心者，而遽责之以圣人生知安行之事，如捕风捉影，茫然莫知所措其心，几何而不至于率天下而路也？今世致知格物之弊，亦居然可见矣。吾子所谓"务外遗内，博而寡要"者，无乃亦是过欤？此学问最紧要处，于此而差，将无往而不差矣。此鄙人之所以冒天下之非笑，忘其身之陷于罪戮，呶呶其言其不容己者也。

来书云："闻语学者，乃谓即物穷理之说亦是玩物丧志；又取其厌繁就约，涵养本原数说，标示学者，指为晚年定论，此亦恐非。"

朱子所谓格物云者，在即物而穷其理也，即物穷理是就事事物物上求其所谓定理者也，是以吾心而求理于事事物物之中，析心与理为二矣。夫求理于事事物物者，如求孝之理于其亲之谓也。求孝之理于其亲，则孝之理其果在于吾之心邪？抑果在于亲之身邪？假而果在于亲之身，则亲没之后，吾心遂无孝之理欤？见孺子之入井，必有恻隐之理。是恻隐之理果在于孺子之身欤？抑在于吾心之良知欤？其或不可以从之于井欤？其或可以手而援之欤？是皆所谓理也。是果在于孺子之身欤？抑果出于吾心之良知欤？以是例之，万事万物之理莫不皆然,是可以知析心与理为二之非矣。夫析心与理而为二,此告子义外之说,孟子之所深辟也。"务外遗内,博而寡要",吾子既已知之矣,是果何谓而然哉?谓之玩物丧志,尚犹以为不可欤?若鄙人所谓致知格物者,致吾心之良知于事事物物也。吾心之良知,即所谓天理也。致吾心良知之天理于事事物物,则事事物物皆得其理矣。致吾心之良知者,致知也。事事物物皆得其理者,格物也。是合心与理而为一者也。合心与理而为一,则凡区区前之所云,与朱子晚年之论,皆可以不言而喻矣。

来书云:"人之心体,本无不明;而气拘物蔽,鲜有不昏。非学问思辨以明天下之理,则善恶之机,真妄之辨,不能自觉;任情恣意,其害有不可胜言者矣。"

此段大略似是而非,盖承沿旧说之弊,不可以不辨也。夫学问思辨行,皆所以为学,未有学而不行者也。如言学孝,则必服劳奉养,躬行孝道,然后谓之学。岂徒悬空口耳讲说,而遂可以谓之学孝乎?学射则必张弓挟矢,引满中的。学书则必伸纸执笔,操觚染翰。尽天下之学,无有不行而可以言学者,则学之始,固,已即是行矣。笃者,敦实笃厚之意。已行矣,而敦笃其行,不息其功之谓尔。盖学之不能以无疑,则有问,问即学也,即行也;又不能无疑,则有思,思即学也,即行也;又不能无疑,则有辨,辨即学也,即行也;辨既明矣,思既慎矣,问既审矣,学既能矣,又从而不息其功焉,斯之谓笃行,非谓学问思辨之后,而始措之于行也。是故以求能其事而言谓之学,以求解其惑而言谓之问,以求通其说而言谓之思,以求精其察而言谓之辨,以求履其实而言谓之行。盖析其功而言则有五,合其事而言则一而已。此区区心理合一之体,知行并进之功,所以异于后世之说者,正在于是。今吾子特举学问思辨以穷天下之理,而不及笃行,是专以学问思辨为知,而谓穷理为无行也已。天下岂有不行而学者邪?岂有不行而遂可谓之穷理者邪?明道云:"只穷理,便尽性至命"。故必仁极仁而后谓之能穷仁之理，义极义而后谓之能穷义之理。仁极仁则尽仁之性矣，义极义则尽义之性矣。学至于穷理至矣，而尚未措之于行，天下宁有是邪？是故知不行之不可以为学，则知不行之不以为穷理矣。知不行之不可以为穷理，则知知行之合一并进，而不可以分为两节事矣。夫万事万物之理不外于吾心，而必曰穷天下之理，是殆以吾心之良知为未足，而必外求于天下之广，以裨补增益之，是犹析心与理而为二也。夫学问思辨笃行之功，虽其困勉至于人一己百，而扩充之极，至于尽性知天，亦不过致吾心之良知而已。良知之外，岂复有加于毫末乎？今必曰穷天下之理，而不知反求诸其心，则凡所谓善恶之机、真妄之辨者，舍吾心之良知，亦将何所致其体察乎？吾子所谓气拘物蔽者，拘此蔽此而已。今欲去此之蔽，不知致力于此，而欲以外求，是犹目之不明者，不务服药调理以治其目，而徒伥伥然求明于其外，明岂可以自外而得哉？任情恣意之害，亦以不能精察天理于此心之良知而已。此诚毫厘千里之谬者，不容于不辨，吾子毋谓其论之太刻也。

　　来书云："教人以致知明德，而戒其即物穷理，诚使昏暗之士，深居端坐，不闻教告，遂能至于知致而德明乎？纵令静而有觉，稍悟本性，则亦定慧无用之见，果能知古今，达事变而致用于天下国家之实否乎？其曰：'知者意之体，物者意之用'，'格物如格君心之非之格'，语虽超悟，独得不踵陈见，抑恐于道未相吻合？"

　　区区论致知格物，正所以穷理，未尝戒人穷理，使之深居端坐而一无所事也。若谓即物穷理，如前所云务外而遗内者，则有所不可耳。昏暗之士，果能随事随物精察此心之天理，以致其本然之良知，则虽愚必明，虽柔必强，大本立而达道行，《九经》之属可一以贯之而无遗矣，尚何患其无致用之实乎？彼顽空虚静之徒，正惟不能随事随物精察此心之天理，以致其本然之良知，而遗弃伦理，寂灭虚无以为常，是以要之不可以治家国天下。孰谓圣人穷理尽性之学，而亦有是弊哉！心者，身之主也，而心之虚灵明觉，即所谓本然之良知也。其虚灵明觉之良知应感而动者，谓之意。有知而后有意，无知则无意矣。知非意之体乎？意之所用必有其物，物即事也。如意用于事亲，即事亲为一物；意用于治民，即治民为一物；意用于读书，即读书为一物；意用于听讼，即听讼为一物。凡意之所用，无有无物者。有是意即有是物，无是意即无是物矣，物非意之用乎？格字之义，有以至字训者，如"格于文祖"，"有苗来格"，是以至训者也。然格于文祖，必纯孝诚敬，幽明之间，无一不得其理，而后谓之格。有苗之顽，实以文德诞敷而后格，则亦兼有正字之义在其间，未可专以至字尽之也。如"格其非心"，"大臣格君心之非"之类，是则一皆正其不正以归于正之义，而不可以至字为训矣。且《大学》格物之训，又安知其不以正字为训，而必以至字为义？如以至字为义者，必曰"穷至事物之理"，而后其说始通，是其用功之要全在一穷字，用力之地全在一理字也。若上去一穷，下去一理字，而直曰"致知在至物"，其可通乎？夫"穷理尽性"，圣人之成训，见于《系辞》者也。苟格物之说而果即穷理之义，则圣人何不直曰"致知在穷理"，而必为此转折不完之语，以启后世之弊邪？盖《大学》格物之说，自与《系辞》穷理大旨虽同，而微有分辨。穷理者，兼格致诚正而为功也。故言穷理则格致诚正之功皆在其中，言格物则必兼举致知、诚意、正心，而后其功始备而密。今偏举格物而遂谓之穷理，此所以专以穷理属知，而谓格物未尝有行，非惟不得格物之旨，并穷理之义而失之矣。此后世之学所以析知行为先后两截，日以支离决裂，而圣学益以残晦者，其端实始于此。吾子盖亦未免承沿积习见，则以为于道未相吻合，不为过矣。

来书云："谓致知之功，将如何为温凊？如何为奉养？即是诚意，非别有所谓格物，此亦恐非。"

此乃吾子自以己意揣度鄙见而为是说，非鄙人之所以告吾子者矣。若果如吾子之言，宁复有可通乎？盖鄙人之见，则谓意欲温清，意欲奉养者，所谓意也，而未可谓之诚意；必实行其温清奉养之意，务求自慊而无自欺，然后谓之诚意。知如何而为温清之节，知如何而为奉养之宜者，所谓知也，而未可谓之致知；必致其知如何为温清之节者之知，而实以之温清，致其知如何为奉养之宜者之知，而实以之奉养，然后谓之致知。温清之事，奉养之事，所谓物也，而未可谓之格物；必其于温清之事也，一如其良知之所知，当如何为温清之节者而为之，无一毫之不尽，于奉养之事也，一如其良知之所知，当如何为奉养之宜者而为之，无一毫之不尽，然后谓之格物。温清之物格，然后知温清之良知始致；奉养之物格，然后知奉养之良知始致。故曰"物格而后知至"。致其知温清之良知，而后温清之意始诚，致其知奉养之良知，而后奉养之意始诚，故曰"知至而后意诚"。此区区诚意、致知、格物之说盖如此。吾子更熟思之，将亦无可疑者矣。

来书云："道之大端易于明白，所谓良知良能，愚夫愚妇可与及者。至于节目时变之详，毫厘千里之谬，必待学而后知。今语孝于温清定省，孰不知之？至于舜之不告而娶，武之不葬而兴师，养志养口，小杖大杖，割股庐墓等事，处常处变，过与不及之间，必须讨论是非，以为制事之本，然后心体无蔽，临事无失。"

"道之大端易于明白"，此语诚然。顾后之学者，忽其易于明白者而弗由，而求其难于明白者以为学，此其所以道在迩而求诸远，事在易而求诸难也。孟子云："夫道若大路然，岂难知哉？人病不由耳！"良知良能，愚夫愚妇与圣人同，但惟圣人能致其良知，而愚夫愚妇不能致，此圣愚之所由分也。节目时变，圣人夫岂不知，但不专以此为学，而其所谓学者，正惟致其良知，以精察此心之天理，而与后世之学不同耳。吾子未暇良知之致，而汲汲焉顾是之忧，此正求其难于明白者以为学之弊也。夫良知之于节目时变，犹规矩尺度之于方圆长短也。节目时变之不可预定，犹方圆长短之不可胜穷也。故规矩诚立，则不可欺以方圆，而天下之方圆不可胜用矣。尺度诚陈，则不可欺以长短，而天下之长短不可胜用矣。良知诚致，则不可欺以节目时变，而天下之节目时变不可胜应矣。毫厘千里之谬，不于吾心良知一念之微而察之，亦将何所用其学乎！是不以规矩而欲定天下之方圆，不以尺度而欲尽天下之长短，吾见其乖张谬戾，日劳而无成也已。吾子谓："语孝于温凊定省，孰不知之？"然而能致其知者鲜矣。若谓粗知温凊定省之仪节，而遂谓之能致其知，则凡知君之当仁者，皆可谓之能致其仁之知，知臣之当忠者，皆可谓之能致其忠之知，则天下孰非致知者邪？以是而言，可以知致知之必在于行，而不行之不可以为致知也明矣。知行合一之体，不益较然矣乎？夫舜之不告而娶，岂舜之前已有不告而娶者为之准则，故舜得以考之何典，问诸何人而为此邪？抑亦求诸其心一念之良知，权轻重之宜，不得已而为此邪？武之不葬而兴师，岂武之前已有不葬而兴师者为之准则，故武得以考之何典，问诸何人，而为此邪？抑亦求诸其心一念之良知，权轻重之宜，不得已而为此邪？使舜之心而非诚于为无后，武之心而非诚于为救民，则其不告而娶与不葬而兴师，乃不孝不忠之大者。而后之人不务致其良知，以精察义理于此心感应酬酢之间，顾欲悬空讨论此等变常之事，执之以为制事之本，以求临事之无失，其亦远矣！其余数端皆可类推，则古人致知之学，从可知矣。

来书云："谓《大学》格物之说专求本心，犹可牵合；至于《六经》《四书》所载多闻多见，前言往行，好古敏求，博学审问，温故知新，博学详说，好问好察，是皆明白求于事为之际，资于论说之间者，用功节目固不容紊矣。"

格物之义，前已详悉，牵合之疑，想已不俟复解矣。至于多闻多见，乃孔子因子张之务外好高，徒欲以多闻多见为学，而不能求诸其心，以阙疑殆，此其言行所以不免于尤悔，而所谓见闻者，适以资其务外好高而已；盖所以救子张多闻多见之病，而非以是教之为学也。夫子尝曰："盖有不知而作之者，我无是也。"是犹孟子"是非之心，人皆有之"义也。此言正所以明德性之良知，非由于闻见耳。若曰，"多闻择其善者而从之，多见而识之"，则是专求诸见闻之末，而已落在第二义矣，故曰"知之次也"。夫以见闻之知为次，则所谓知之上者果安所指乎？是可以窥圣门致知用力之地矣。夫子谓子贡曰："赐也，汝以予为多学而识之者欤？非也，予一以贯之。"使诚在于多学而识，则夫子胡乃谬为是说以欺子贡者邪？一以贯之，非致其良知而何？《易》曰："君子多识前言往行，以畜其德。"夫以畜其德为心，则凡多识前言往行者，孰非畜德之事？此正知行合一之功矣。"好古敏求"者，好古人之学而敏求此心之理耳。心即理也，学者，学此心也；求者，求此心也。孟子云："学问之道无他，求其放心而已矣。"非若后世广记博诵古人之言词以为好古，而汲汲然惟以求功名利达之具于其外者也。"博学审问"，前言已尽。"温故知新"，朱子亦以温故属之尊德性矣。德性岂可以外求哉？惟夫知新必由于温故，而温故乃所以知新，则亦可以验知行之非两节矣。"博学而详说之"者，"将以反说约"也。若无反约之云，则博学详说者果何事邪？舜之"好问好察"，惟以用中而致其精一于道心耳，道心者，良知之谓也。君子之学，何尝离去事为而废论说？但其从事于事为论说者，要皆知行合一之功，正所以致其本心之良知，而非若世之徒事口耳谈说以为知者，分知行为两事，而果有节目先后之可言也。

来书云："杨、墨之为仁义，乡愿之辞忠信，尧、舜、子之之禅让，汤、武、楚项之放伐，周公、莽、操之摄辅，谩无印证，又焉适从？且于古今事变、礼乐名物，未尝考识，使国家欲兴明堂，建辟雍，制历律，草封禅，又将何所致其用乎？故《论语》曰'生而知之'者，义理耳。若夫礼乐名物，古今事变，亦必待学而后有以验其行事之实，此则可谓定论矣。"

所喻杨、墨、乡愿、尧、舜、子之、汤、武、楚项、周公、莽、操之辨，与前舜、武之论，大略可以类推。古今事变之疑，前于良知之说，已有规矩尺度之喻，当亦无俟多赘矣。至于明堂、辟雍诸事，似尚未容于无言者。然其说甚长，姑就吾子之言而取正焉，则吾子之惑将亦可少释矣。夫明堂、辟雍之制，始见于《吕氏》之《月令》、汉儒之训疏，《六经》《四书》之中未尝详及也。岂吕氏、汉儒之知，乃贤于三代之贤圣乎？齐宣之时，明堂尚有未毁，则幽、厉之世，周之明堂皆无恙也。尧、舜茅茨土阶，明堂之制未必备，而不害其为治。幽、厉之明堂，固犹文、武、成、康之旧，而无救于其乱，何邪？岂能以不忍人之心而行不忍人之政，则虽茅茨土阶，固亦明堂也；以幽、厉之心而行幽、厉之政，则虽明堂，亦暴政所自出之地邪？武帝肇讲于汉，而武后盛作于唐，其治乱何如邪？天子之学曰辟雍，诸侯之学曰泮宫，皆象地形而为之名耳。然三代之学，其要皆所以明人伦，非以辟不辟，泮不泮为重轻也。孔子云："人而不仁，如礼何！人而不仁，如乐何！"制礼作乐，必具中和之德，声为律而身为度者，然后可以语此。若夫器数之末，乐工之事，祝史之守。故曾子曰："君子所贵乎道者三"，"笾豆之事，则有司存也。"尧"命羲、和，饮若昊天，历象日月星辰"，其重在于敬授人时也。舜"在璇玑玉衡"，其重在于"以齐七政也"。是皆汲汲然以仁民之心，而行其养民之政，治历明时之本，固在于此也。羲和历数之学，皋、契未必能之也，禹、稷未必能之也；"尧舜之知而不遍物"，虽尧舜亦未必能之也。然至于今，循羲和之法而世修之，虽曲知小慧之人，星术浅陋之士，亦能推步占候而无所忒，则是后世曲知小慧之人反贤于禹、稷、尧、舜者邪？封禅之说，尤为不经，是乃后世佞人谀士所以求媚于其上，倡为夸侈以荡君心而靡国费，盖欺天罔人，无耻之大者，君子之所不道，司马相如之所以见讥于天下后世也。吾子乃以是为儒者所宜学，殆亦未之思邪？夫圣人之所以为圣者，以其生而知之也。而释《论语》者曰："生而知之者，义理耳。若夫礼乐名物，古今事变亦必待学而后有以验其行事之实。"夫礼乐名物之类，果有关于作圣之功也，而圣人亦必待学而后能知焉，则是圣人亦不可以谓之生知矣。谓圣人为生知者，专指义理而言，而不以礼乐名物之类，则是礼乐名物之类，无关于作圣之功矣。圣人之所以谓之生知者，专指义理而不以礼乐名物之类，则是学而知之者，亦惟当学知此义理而已；困而知之者，亦惟当困知此义理而已。今学者之学圣人，于圣人之所能知者，未能学而知之，而顾汲汲焉求知圣人之所不能知者以为学，无乃失其所以希圣之方欤？凡此皆就吾子之所惑者而稍为之分释，未及乎拔本塞源之论也。

夫拔本塞源之论不明于天下，则天下之学圣人者将日繁日难，斯人沦于禽兽夷狄而犹自以为圣人之学，吾之说虽或暂明于一时，终将冻解于西而冰坚于东，雾释于前而云滃于后，呶呶焉危困以死，而卒无救于天下之分毫也已。夫圣人之心以天地万物为一体，其视天下之人，无外内远近，凡有血气皆其昆弟赤子之亲，莫不欲安全而教养之，以遂其万物一体之念。天下之人心，其始亦非有异于圣人也，特其间于有我之私，隔于物欲之蔽，大者以小，通者以塞，人各有心，至有视其父子兄弟如仇雠者。圣人有忧之，是以推其天地万物一体之仁以教天下，使之皆有以克其私，去其蔽，以复其心体之同然。其教之大端，则尧舜禹之相授受，所谓"道心惟微，惟精惟一，允执厥中"；而其节目，则舜之命契，所谓"父子有亲，君臣有义，夫妇有别，长幼有序，朋友有信"五者而已。唐、虞、三代之世，教者惟以此为教，而学者惟以此为学。当是之时，人无异见，家无异习，安此者谓之圣，勉此者谓之贤，而背此者虽其启明如朱，亦谓之不肖。下至闾井田野，农工商贾之贱，莫不皆有是学，而惟以成其德行为务。何者？无有闻见之杂，记诵之烦，辞章之靡滥，功利之驰逐，而但使之孝其亲，弟其长，信其朋友，以复其心体之同然。是盖性分之所固有，而非有假于外者，则人亦孰不能之乎？学校之中惟以成德为事，而才能之异，或有长于礼乐，长于政教，长于水土播植者，则就其成德，而因使益精其能于学校之中。

迨夫举德而任，则使之终身居其职而不易。用之者惟知同心一德，以共安天下之民，视才之称否，而不以崇卑为轻重，劳逸为美恶。效用者亦惟知同心一德，以共安天下之民，苟当其能，则终身处于烦剧而不以为劳，安于卑琐而不以为贱。当是之时，天下之人熙熙皞皞，皆相视如一家之亲。其才质之下者，则安其农工商贾之分，各勤其业以相生相养，而无有乎希高慕外之心。其才能之异，若皋、夔、稷、契者，则出而各效其能。若一家之务，或营其衣食，或通其有无，或备其器用，集谋并力，以求遂其仰事俯育之愿，惟恐当其事者之或怠而重己之累也。故稷勤其稼而不耻其不知教，视契之善教即己之善教也。夔司其乐而不耻于不明礼，视夷之通礼即己之通礼也。盖其心学纯明，而有以全其万物一体之仁，故其精神流贯，志气通达，而无有乎人己之分，物我之间。譬之一人之身，目视耳听，手持足行，以济一身之用，目不耻其无聪，而耳之所涉，目必营焉；足不耻其无执，而手之所探，足必前焉。盖其元气充周，血脉条畅，是以痒疴呼吸，感触神应，有不言而喻之妙。此圣人之学所以至易至简，易知易从，学易能而才易成者，正以大端惟在复心体之同然，而知识技能非所与论也。

三代之衰，王道熄而霸术猖；孔孟既没，圣学晦而邪说横。教者不复以此为教，而学者不复以此为学。霸者之徒窃取先王之近似者，假之于外以内济其私己之欲，天下靡然而宗之，圣人之道遂以芜塞。相仿相效，日求所以富强之说，倾诈之谋，攻伐之计，一切欺天罔人，苟一时之得，以猎取声利之术，若管、商、苏、张之属者，至不可名数。既其久也，斗争劫夺，不胜其祸，斯人沦于禽兽夷狄，而霸术亦有所不能行矣。世之儒者慨然悲伤，搜猎先圣王之典章法制，而掇拾修补于煨烬之余，盖其为心良亦欲以挽回以先王之道；圣学既远，霸术之传积渍已深，虽在贤知，皆不免于习染，其所以讲明修饰，以求宣畅光复于世者，仅足以增霸者之藩篱，而圣学之门墙遂不复可睹。于是乎有训诂之学，而传之以为名；有记诵之学，而言之以为博；有词章之学，而侈之以为丽。若是者纷纷籍籍，群起角立于天下，又不知其几家。万径千蹊，莫知所适。世之学者如入百戏之场，欢谑跳踉、骋奇斗巧、献笑争妍者，四面而竞出，前瞻后盼，应接不遑，而耳目眩瞀，精神恍惑，日夜邀游淹息其间，如病狂丧心之人，莫自知其家业之所归。时君世主亦皆昏迷颠倒于其说，而终身从事于无用之虚文，莫自知其所谓，间有觉其空疏谬妄、支离牵滞，而卓然自奋，欲以见诸行事之实者，极其所抵，亦不过为富强功利、五霸之事业而止。圣人之学日远日晦，而功利之习愈趋愈下。其间虽尝瞀惑于佛老，而佛老之说，卒亦未能有以胜功利之心，虽又尝折衷于群儒，而群儒之论终亦未能有以破其功利之见。盖至于今，功利之毒沦浃于人之心髓，而习以成性也几千年矣。相矜以知，相轧以势，相争以利，相高以技能，相取以声誉。其出而仕也，理钱谷者则欲兼夫兵刑，典礼乐者又欲与于铨轴，处郡县则思藩臬之高，居台谏则望宰执之要，故不能其事则不得以兼其官，不通其说则不可以要其誉。记诵之广，适以长其敖也；知识之多，适以行其恶也；闻见之博，适以肆其辨也；辞章之富，适以饰其伪也。是以皋、夔、稷、契所不能兼之事，而今之初学小生皆欲通其说，究其术。其称名僭号未尝不曰吾欲以共成天下之务，而其诚心实意之所在，以为不如是则无以济其私而满其欲也。呜呼，以若是之积染，以若是之心志，而又讲之以若是之学术，宜其闻吾圣人之教，而视之以为赘疣枘凿，则其以良知为未足而谓圣人之学为无所用，亦其势有所必至矣。呜呼，士生斯世而尚何以求圣人之学乎！尚何以论圣人之学乎！士生斯世而欲以为学者，不亦劳苦而繁难乎！不亦拘滞而险艰乎！呜呼，可悲也已！所幸天理之在人心，终有所不可泯，而良知之明，万古一日，则其闻吾拔本塞源之论，必有恻然而悲，戚然而痛，愤然而起，沛然若决江河而有所不可御者矣。非夫豪杰之士，无所待而兴起者，吾谁与望乎？

（二）《答顾东桥书》解析

通读《答顾东桥书》，其主要谈到如何学习修行、知与行的关系、格物致知、心与理的关系。

1. 论学习

从篇幅上看，《答顾东桥书》对学习着墨最多。在论述学习方面，王守仁认为学者应该"诚意"。顾东桥认为当时的学者在治学时，只重视外在的知识和学问，往往忽略了内在的道德修养，虽广博却不得要领。王守仁提倡诚意，能够针砭时弊，价值不可估量。但是阳明的"诚意"说与佛教的明心见性、定慧见悟思想很难区分出来，并且只倡导心学，注重诚意，会立论过高，用功过捷，后学门生递相师传，因而产生谬误。

王守仁认为自己的学说被质疑主要是因为听到这一学说的人并没有想成为圣人的志向，也没有仔细考察学说的主要内容。重视实践也是王守仁的主要观点之一。《大学》中的格物、致知、诚意、修身的观点，正是针对学者的本心与日常处事而言，体会研究、躬身力行、实地用功，需要长期磨练才能体悟，正如这些思想是王守仁在切身实践中体悟出来的。这与佛教中的"顿悟"并不一样。

《中庸》讲究学问应该遵循博学、审问、慎思、明辨、笃行的方法，顾东桥认为如不通过学问思辨的功夫来弄清楚天下的道理，则善恶的关键，真假的分辨，就不能自觉地觉察到，从而放纵自己的感情和思绪。也就是说为学要遵循先学后行的思路，知行仍然是有顺序的。

王守仁认为，"夫学问思辨行，皆所以为学，未有学而不行者也"。即学、问、思、辨中都已经包含了行。比如学习射箭，必须拉弓上弦，用最大的力量射出去。学习书法必须把纸铺开拿走笔来大笔挥毫。所有天下的学习没有不行但可以称之为学的，刚刚开始学习其实就已经是行了。王守仁说学习不能没有疑，有疑就有问，有问就是学，就是行；也不能无疑就有思，思就是学，就是行；有疑就有辨，辨就是学，学就是行；辨已经明了，思已经谨慎，问已经详细，学已经会了，又从而不停止他的实践功夫，这就是笃行，而不是学问思辨之后才有行的举措。学、问、思、辨、行只是从功效方面来讲的五个方面，但把事情合起来则是一个。王守仁主张的心理合一之体，知行并进之功，是阳明学说的独特之处。

顾东桥认为道之大端容易明白，但是节目时变，需要学而后知。王守仁认为，普通男女和圣人都一样，都具有良知良能，但是只有圣人能够致良知，普通的男女却不能够致良知，这就是圣人和普通人的区别。圣人所学的只是专心致良知，洞察内心的天理。而普通人忽视简单的圣人之学，反而花费精力学习外在的礼仪等。王守仁并没有说像温凊定省这样的事情不要学，也没有说仪节变化不需要学，而是说不能专门以此为学，而忽略了致良知。圣人之学是很容易明白的，只是人们都不愿意去学，正所谓舍近求远，舍易求难。圣人之学就是致良知，良知对于仪节变化来说，就是起到一种规定性，仪节变化是由良知来决定的。关于仪节的问题，在没有先例可循的情况下，要求助于内心的良知，权衡轻重，取其适宜。总之，良知是行为的指导，致良知是为学的根本。

王守仁接着回应顾东桥所提的"六经""四书"等讲的多闻多见获得知识指导行为。王守仁说，孔子倡导人多闻多见是针对子张而提的。《论语·述而》中提到："子曰：'盖有不知而作之者，我无是也。多闻，择其善者而从之；多见而识之；知之次也。'"子张好高骛远，认为只有多闻多见才是学问，而不能做到反求内心以存疑惑，所以，他的言行难免有埋怨和悔恨，而所谓的见闻正好滋长了他好高骛远的缺点。孔子说这番话并不是教导子张去多闻多见，而是为了纠正他那要多闻多见的缺点。这与孟子的"是非之心，人皆有之"的意思相近。这些正表明人的德行和良知并不来自于多见多闻。良知是先天存在的，"不学而能，不虑而知"，而知识是后天产生的，"必待学而能，必待虑而知"。"孔孟之教""圣学之教"是"务践履以充良知"。所谓"务践履"，就是"去恶为善"，而不是博学广记，多闻多识。

学校建立初始，目的只是为了成就德行。教之大端就是尧舜所传授的"道心惟微，惟精惟一，允执厥中"；教育的具体内容就是舜命令契的五个方面，"父子有亲，君臣有义，夫妇有别，长幼有序，朋友有信"。尧舜与夏商周三代，所教的、所学的只有这些。当时的人不分贵贱贤愚都能学习掌握这些，是因为孝敬父母，敬重兄长，诚实待友，这些都是人性中固有的，不是从外面借来的。教育只是借以恢复人心体中原本只有的，也就是良知，而不是如后世所偏曲的，舍本逐末，追求纷繁的见闻、烦复的记诵、靡滥的词章及对功利的追求。这也是王守仁对当时教育的批判。

2. 论知与行的关系

顾东桥质疑王守仁的知行合一学说。认为知和行必然有先有后，虽然只是毫厘瞬间的差别，但是一定是有知才有行，比如知食才吃，知汤才饮，知衣才穿，知路才行。并且，如果知行合一学说强调知识要通过实践检验，为学的目的是指导行为，这样确实是能有利于学者躬身实行。但是如果认为行即知，就容易让学者专求本心，从而遗忘了事物之理。

对于这一问题，王守仁用同样的例子进行解释。他说人先有想吃的心，之后才能知食。想吃的心就是意，也就是行的开始。食物味道的好坏，必然放入口中才能知道，哪有未入口就能知道食物味道的好坏之理呢？必有想行走的心，然后才知路，想行走的心就是意，也就是行的开始。路途的坎坷曲折，需要亲身经历才能知道，哪有未等亲身经历就先知道路途的坎坷曲折呢？阳明先生认为知是行动的开始，行则为知的完成，二者互为始末。"知之真切笃实处即是行，行之明觉精察处即是知"。对于"专求本心，遂遗物理"，王守仁认为心即理。如果去心外求理，就是把知行当作两回事。在心中求理，正是圣人知行合一的主张。

3. 论格物致知

王守仁认为人人都可以通过学习以致良知，致良知有三个层次的学习。"夫尽心知性知天者，生知安行，圣人之事也。存心养性事天者，学知利行，贤人之事也。夭寿不贰修身以俟者，困知勉行，学者之事也。"论述了圣人、贤人、学者三个层次的学习。《中庸》里说"惟天下至诚为能尽其性"，"知天地之化育"，"质诸鬼神而无疑，知天也"。这是圣人才能做到的，所以是生下来就知道怎么做了，是圣人的事。"存其心者，未能尽其心者也，故须加存之之功；必存之既久，不待于存而自无不存，然后可以进而言尽。"知州如果把一州之事都当成自己的事，知县把一县之事都当成自己的事，是与天为一，事天就好像子事父臣事君，好像与天是二。"天之所以命于我者，心也，性也，吾但存之而不敢失，养之而不敢害，如父母全而生之，子全而归之者也。故曰此学知利行，贤人之事也。""至于夭寿不贰，则与存其心者又有间矣。存其心者，虽未能尽其心，固已一心于为善，时有不存则存之而已。今使之夭寿不贰，是犹以夭寿贰其心者也。"知道天命与自己言行的距离，因此要困学勉行，"故曰此困知勉行，学者之事也。"

王守仁认为，昏暗之士如果能随事随物精察此心之天理，达到他本来的良知，那虽愚必明，虽柔必强，大本立而达道行，九经之属可一以贯之而无遗矣。心是身的主使，而心的虚灵明觉，是本来的良知。心的虚灵明觉的良知，随着人的感应而动的是意。有知然后才有意，无知就无意，知是意的体。物是意的用，物即事。如果意用于事亲，事亲便是一物；意用于治民，治民就是一物；意在读书，读书就是一物；意在听讼，听讼就是一物。《大学》格物之训，以正字为训，以至字为义。王守仁认为，"用功之要，全在一穷字，用力之地，全在一理字也。""穷理尽性"是圣人的成训。《大学》格物之说和《系辞》穷理大旨虽然相同但略有差别。格致诚正是穷理的功夫,说格物必兼有致知诚意正心。

　　王守仁认为,意欲温清和意欲奉养就是意,而不可以说是诚意;实际上有其温清奉养的意,达到自己满意又不自欺,然后才能叫诚意。知道如何做温清的礼节,知道如何做到奉养之宜,是知,不是致知;一定做到了知道如何做温清之礼节,而且实际上也按照这个实际做到了温清,让他知道如何做奉养之宜的知,并且实际进行奉养,然后才叫作致知。温清之事,奉养之事是物,而不可以叫格物;他做温清之事,就好像他的良知所知道如何做温清的礼节,没有一毫的不到位,对于奉养的事,就好像他的良知所知道应当如何做奉养之宜,没有一毫的不到位,然后叫格物。格温清这一物,然后才致了温清的良知;格奉养这一物,然后才致了奉养的良知。故曰"物格而后知至"。知道温清的良知,然后才能诚温清之意,致他知道奉养的良知,然后才诚奉养之意,所以说"知至而后意诚"。

4. 论心与理

　　朱熹认为,格物在于即物究理,即就在事事物物上求其所谓定理。是以吾心而求理于事事物物之中,心与理一分为二。求理于事事物物,如同求孝之理在父母。求孝之理在父母,那孝之理真的在于我心还是在于父母身上?如果真在父母身上,父母没了,我心就没有孝之理吗?见孺子落入井中,必有恻隐的理。恻隐的理真在于孺子的身上还是在我心的良知?他不可能从落入的井中得到,也不可能从伸手之援得到?以这些例子,王守仁认为,万事万物的理都像这两个例子反映的一样,将心与理一分为二是错误的。王守仁认为,所谓致知格物,致我心的良知在于事事物物也。我心的良知就是所谓的天理。致我心良知的天理于事事物物,那么事事物物皆得这个天理了。致我心的良知就是致知。事事物物皆得其理就是格物,就是合心与理为一。

五、《传习录中·训蒙大意示教读刘伯颂等、教约》

正德十三年（1518 年），王守仁为南赣巡抚，平定了江西各地农民起义。王守仁在平定农民起义过程中，反思社会问题的根源是教化缺失。为了灭"心中贼"，王守仁开始着手在赣南各地进行移风易俗的教化工作，在各县设立社学，颁布《社学教条》，订立乡约。《训蒙大意示教读刘伯颂等》和《教约》即是在这一时期所写成的。王守仁在《训蒙大意示教读刘伯颂等》和《教约》中系统地阐述了他的教育主张，尤其著名的是他的儿童教育思想。为方便阐述，现将这两文同时进行分析。

（一）《训蒙大意示教读刘伯颂等》原文 [1]

古之教者，教以人伦。后世记诵词章之习起，而先王之教亡。今教童子，惟当以孝弟忠信礼义廉耻为专务。其载培涵养之方，则宜诱之歌诗以发其志意，导之习礼以肃其威仪，讽之读书以开其知觉。今人往往以歌诗习礼为不切时务，此皆末俗庸鄙之见，乌足以知古人立教之意哉！

大抵童子之情，乐嬉游而惮拘检，如草木之始萌芽，舒畅之则条达，摧挠之则衰痿。今教童子，必使其趋向鼓舞，中心喜悦，则其进自不能已。譬之时雨春风，沾被卉木，莫不萌动发越，自然日长月化；若冰霜剥落，则生意萧索，日就枯槁矣。故凡诱之歌诗者，非但发其志意而已，亦以泄其跳号呼啸于咏歌，宣其幽抑结滞于音节也；导之习礼者，非但肃其威仪而已，亦所以周旋揖让而动荡其血脉，拜起屈伸而固束其筋骸也；讽之读书者，非但开其知觉而

[1] 吴光钱，明董平，姚延福.《王阳明全集》[M].《卷二·语录二·传习录中》.上海：上海古籍出版社，2006.87—88.

已，亦所以沈潜反复而存其心，抑扬讽诵以宣其志也。凡此皆所以顺导其志意，调理其性情，潜消其鄙吝，默化其粗顽，日使之渐于礼义而不苦其难，入于中和而不知其故。是盖先王立教之微意也。

若近世之训蒙稚者，日惟督以句读课仿，责其检束而不知导之以礼，求其聪明而不知养之以善，鞭挞绳缚，若持拘囚。彼视学舍如囹狱而不肯入，视师长如寇仇而不欲见，窥避掩覆以遂其嬉游，设诈饰诡以肆其顽鄙，偷薄庸劣，日趋下流。是盖驱之于恶而求其为善也，何可得乎？

凡吾所以教，其意实在于此。恐时俗不察，视以为迂，且吾亦将去，故特叮咛以告。尔诸教读，其务体吾意，永以为训，毋辄因时俗之言改废其绳墨，庶成蒙以养正之功矣。念之念之！

（二）《教约》原文 [1]

每日清晨，诸生参揖毕，教读以次遍询诸生：在家所以爱亲敬长之心，得无懈忽，未能真切否？温凊定省之仪，得无亏缺，未能实践否？往来街衢，步趋礼节，得无放荡，未能谨饰否？一应言行心术，得无欺妄非僻，未能忠信笃敬否？诸童子务要各以实对，有则改之，无则加勉。教读复随时就事，曲加诲谕开发。然后各退就席肄业。

凡歌《诗》，须要整容定气，清朗其声音，均审其节调；毋躁而急，毋荡而嚣，毋馁而慑。久则精神宣畅，心气和平矣。每学量童生多寡，分为四班，每日轮一班歌《诗》；其余皆就席敛容肃听。每五日则总四班递歌于本学。每朔望，集各学会歌于书院。

凡习礼，须要澄心肃虑，审其仪节，度其容止；毋忽而惰，毋沮而怍，毋径而野；从容而不失之迂缓，修谨而不失之拘局。久则体貌习熟，德性坚定矣。

---

[1] 吴光钱，明董平，姚延福.《王阳明全集》[M].《卷二·语录二·传习录中》上海：上海古籍出版社，2006.88—89.

童生班次皆如歌诗。每间一日，则轮一班习礼。其余皆就席，敛容肃观。习礼之日，免其课仿。每十日则总四班，递习于本学。每朔望，则集各学会习于书院。

凡授书，不在徒多，但贵精熟。量其资禀，能二百字者，止可授以一百字。常使精神力量有余，则无厌苦之患，而有自得之美。讽诵之际，务令专心一志，口诵心惟，字字句句䌷绎反复，抑扬其音节，宽虚其心意。久则义礼浃洽，聪明日开矣。

每日功夫，先考德，次背书诵书，次习礼，或作课仿，次复诵书讲书，次歌《诗》。凡习礼歌《诗》之数，皆所以常存童子之心，使其乐习不倦，而无暇及于邪僻。教者知此，则知所施矣。虽然此其大略也，神而明之，则存乎其人。

（三）《教约》内涵解析

王守仁的这篇《训蒙大意示教读刘伯颂等》源自对当时儿童教育的批判。王守仁指出当时童蒙教育的问题是"近世之训蒙稚者，日惟督以句读课仿，责其检束，而不知导之以礼；求其聪明，而不知养之以善。鞭挞绳缚，若待拘囚。"指出当时从事儿童教育的老师，在教育过程中对待儿童简单粗暴，教育内容只是督促儿童读书习字，对儿童的行为进行约束，不知道用礼进行引导；只想让学生聪明，但不知道用善德来培养。当学生违反教师意愿时，用鞭打绳缚的方式管教，就像对待囚犯一样。这样的儿童教育，必然让儿童厌恶学校，远离教师，"视学舍如囹狱而不肯入，视师长如寇仇而不欲见"，时间久了，就会想尽方法逃学，背离教养。这样的教育就是"驱之于恶而求其为善"，结果只能是背离初衷。

王守仁认为正确的儿童教育首先应该改变儿童观，不能用成人的标准要求儿童，而应该尊重儿童，顺应儿童的性情，鼓励儿童的志趣。儿童的天性是"乐嬉游而惮拘检，如草木之始萌芽，舒畅之则条达，摧挠之则衰痿"。所有的儿童都喜欢玩乐，不喜欢被管束，儿童的发展与自然草木的生长一样，因此，教育中应该"必使其趋向鼓舞，中心喜悦，则其进自不能已。譬之时雨春风，沾被卉木，莫不萌动发越，自然日长月化；若冰霜剥落，则生意萧索，日就枯槁矣"。王守仁通过自然事物的比喻，提出了教育也要如同顺应自然规律一样，顺应儿童的天性，让儿童自由、喜悦地生长，这样教育起来就能由教师的管束督促变成儿童主动想要学习。

在让儿童内心鼓舞、喜欢学习后，还应该实施循序渐进，"随人分限所及"的原则。在《传习录》下卷中，王守仁提出"与人论学，亦须随人分限所及，如树有这些萌芽，只把这些水去灌溉，萌芽再长，便又加水，自拱把以至合抱，灌溉之功，皆是随其分限所及。若些小萌芽，有一桶水在，尽要倾上，便浸坏它了"，教育要根据儿童的基础，循序渐进地实施。同时，王守仁还提出了"学有余力"的原则，也就是在教育过程中，让学生保持学习的张力，"量其资禀能二百字者，止可授以一百字"，他说"授书不在徒多，但贵精熟"，只有这样，儿童学习起来才能"无厌苦之患，而有自得之美"。

在教育内容方面，王守仁认为要改变学堂中只注重知识传授的现象，要"歌诗""习礼"和"读书"三者同时进行。在时人看来无用的"歌诗""习礼"实际上具有重要的教育价值。王守仁认为，对儿童"诱之歌诗"，不但能激发他们的意志，"亦以泄其跳号呼啸于咏歌，宣其幽抑结滞于音节也"。意思是"歌诗"能使儿童的情感得到正当的宣泄，也有助于消除他们内心的忧闷和烦恼，使其"精神宣畅，心气和平"。"导之以礼"，不但能使儿童养成威严的仪容和外表，"亦所以周旋揖让而动荡其血脉，拜起屈伸而固束其筋骸也"，有利于锻炼身体，增强体质。"讽之读书"，不但能使儿童增长知识，发展智力，而且还能"存其心"，"宣其志"，有利于培养儿童的道德观念和理想。

"歌诗""习礼"和"读书"是什么关系呢？王守仁认为"歌诗""习礼"和"读

书"是三个完整不可或缺的教育环节。在培养儿童意志上，"歌诗""习礼"和"读书"组成完整的教育环节，可以在调理儿童性情中潜移默化地消除他们的鄙吝和粗顽，让他们不觉其苦地日渐接受礼仪，进入中和而不知其故。"歌诗""习礼"和"读书"组成完整的教育环节，能够使儿童自愿自觉地接受教化，在潜移默化中提升自身的良知良能。

如何进行"歌诗""习礼"和"读书"的教育实践呢？这涉及到"歌诗""习礼"和"读书"的教育方法。王守仁对"歌诗""习礼"和"读书"的教育方法的中心原则是在乐学的基础上，加强内心的道德修养，使得外在的知识和仪式内化为学生的品行德性。对于具体的"歌诗""习礼"和"读书"方法，《教约》中进行了详细阐述。在《教约》中对每日学习顺序也进行说明，"每日工夫，先考德，次背书诵书，次习礼，或作课仿，次复诵书讲书，次歌《诗》"。一天的先后学习顺序是考德、背书诵书、习礼，或作课仿、诵书讲书、歌《诗》。

六、《传习录下》

《传习录》下卷记录了王守仁晚期思想，此时致良知说已经成熟，在师生对话中有诸多著名的关于良知及致良知有关的语录，现摘录如下。

（一）《传习录下》原文[1]

在虔，与于中、谦之同侍。先生曰："人胸中各有个圣人，只自信不及，都自埋倒了。"因顾于中曰："尔胸中原是圣人。"于中起不敢当。先生曰："此是尔自家有的，如何要推？"于中又曰："不敢。"先生曰："众人皆有之，况在

[1] 吴光钱,明董平,姚延福.《王阳明全集》[M].《卷三·语录三·传习录下》.上海:上海古籍出版社,2006.93—124.

于中，却何故谦起来？谦亦不得。"于中乃笑受。又论："良知在人，随你如何不能泯灭，虽盗贼亦自知不当为盗，唤他做贼，他还忸怩。"于中曰："只是物欲遮蔽，良心在内，自不会失；如云自蔽日，日何尝失了！"先生曰："于中如此聪明，他人见不及此。"

先生曰："人若知这良知诀窍，随他多少邪思枉念，这里一觉，都自消融。真个是灵丹一粒，点铁成金。"

先生曰："圣人亦是学知，众人亦是生知。"问曰："何如？"曰："这良知人人皆有，圣人只是保全，无些障蔽，兢兢业业，亹亹翼翼，自然不息，便也是学；只是生的分数多，所以谓之生知安行。众人自孩提之童，莫不完具此知，只是障蔽多，然本体之知自难泯息，虽问学克治也只凭他；只是学的分数多，所以谓之学知利行。"

先生曰："我辈致知，只是各随分限所及。今日良知见在如此，只随今日所知扩充到底；明日良知又有开悟，便从明日所知扩充到底。如此方是精一功夫。与人论学，亦须随人分限所及。如树有这些萌芽，只把这些水去灌溉。萌芽再长，便又加水。自拱把以至合抱，灌溉之功皆是随其分限所及。若些小萌芽，有一桶水在，尽要倾上，便浸坏他了。"

先生曰："吾教人致良知，在格物上用功，却是有根本的学问。日长进一日，愈久愈觉精明。世儒教人事事物物上去寻讨，却是无根本的学问。方其壮时，虽暂能外面修饰，不见有过，老则精神衰迈，终须放倒。譬如无根之树，移栽水边，虽暂时鲜好，终久要憔悴。"

问："读书所以调摄此心，不可缺的。但读之之时，一种科目意思牵引而来，不知何以免此？"先生曰："只要良知真切，虽做举业，不为心累；总有累亦易觉，克之而已。且如读书时，良知知得强记之心不是，即克去之；有欲速之心不是，即克去之；有夸多斗靡之心不是，即克去之。如此，亦只是终日与圣贤印对，是个纯乎天理之心。任他读书，亦只是调摄此心而已，何累之有？"
曰："虽蒙开示，奈资质庸下，实难免累。窃闻穷通有命，上智之人恐不屑此。
不肖为声利牵缠，甘心为此，徒自苦耳。欲屏弃之，又制于亲，不能舍去，奈何？"
先生曰："此事归辞于亲者多矣，其实只是无志。志立得时，良知千事万为只
是一事。读书作文安能累人？人自累于得失耳。"因叹曰："此学不明，不知此
处担搁了几多英雄汉！"

先生曰："良知是造化的精灵。这些精灵，生天生地，成鬼成帝，皆从此出，
真是与物无对。人若复得他完完全全，无少亏欠，自不觉手舞足蹈，不知天地
间更有何乐可代。"

一友静坐有见，驰问先生。答曰："吾昔居滁时，见诸生多务知解，口耳
异同，无益于得，姑教之静坐。一时窥见光景，颇收近效。久之，渐有喜静
厌动，流入枯槁之病。或务为玄解妙觉，动人听闻。故迩来只说致良知。良
知明白，随你去静处体悟也好，随你去事上磨炼也好，良知本体原是无动无
静的。此便是学问头脑。我这个话头自滁州到今，亦较过几番，只是致良知三
字无病。医经折肱，方能察人病理。"

朱本思问："人有虚灵，方有良知。若草木瓦石之类，亦有良知否？"先生曰：
"人的良知，就是草木瓦石的良知。若草木瓦石无人的良知，不可以为草木瓦
石矣。岂惟草木瓦石为然，天地无人的良知，亦不可为天地矣。盖天地万物与
人原是一体，其发窍之最精处，是人心一点灵明。风、雨、露、雷、日、月、
星、辰、禽、兽、草、木、山、川、土、石，与人原只一体。故五谷禽兽之类
皆可以养人；药石之类，皆可以疗疾。只为同此一气，故能相通耳。"

一友问"功夫不切"。先生曰："学问功夫，我已曾一句道尽，如何今日转
说转远，都不着根？"对曰："致良知盖闻教矣，然亦须讲明。"先生曰："既
知致良知，又何可讲明？良知本是明白，实落用功便是。不肯用功，只在语言

上转说转糊涂。"曰："正求讲明致之之功。"先生曰："此亦须你自家求，我亦无别法可道。昔有禅师，人来问法，只把麈尾提起。一日，其徒将其麈尾藏过，试他如何设法。禅师寻麈尾不见，又只空手提起。我这个良知就是设法的麈尾，舍了这个，有何可提得？"少间，又一友请问"功夫切要"。先生旁顾曰："我麈尾安在？"一时在坐者皆跃然。

先生曰："惟天下至圣，为能聪明睿智，旧看何等玄妙，今看来原是人人自有的。耳原是聪，目原是明，心思原是睿智，圣人只是一能之尔。能处正是良知，众人不能，只是个不致知，何等明白简易！"

问："知譬日，欲譬云，云虽能蔽日，亦是天之一气合有的，欲亦莫非人心合有否？"先生曰："喜怒哀惧爱恶欲，谓之七情。七者俱是人心合有的，但要认得良知明白。比如日光，亦不可指着方所；一隙通明，皆是日光所在，虽云雾四塞，太虚中色象可辨，亦是日光不灭处，不可以云能蔽日，教天不要生云。七情顺其自然之流行，皆是良知之用，不可分别善恶，但不可有所着；七情有着，俱谓之欲，俱为良知之蔽；然才有着时，良知亦自会觉，觉即蔽去，复其体矣！此处能勘得破，方是简易透彻功夫。"

先生曰："孔子有鄙夫来问，未尝先有知识以应之，其心只空空而已；但叩他自知的是非两端，与之一剖决，鄙夫之心便已了然。鄙夫自知的是非，便是他本来天则，虽圣人聪明，如何可与增减得一毫？他只不能自信，夫子与之一剖决，便已竭尽无余了。若夫子与鄙夫言时，留得些子知识在，便是不能竭他的良知，道体即有二了。"

丁亥年九月，先生起复征思、田。将命行时，德洪与汝中论学。汝中举先生教言，曰："无善无恶是心之体，有善有恶是意之动，知善知恶是良知，为善去恶是格物。"德洪曰："此意如何？"汝中曰："此恐未是究竟话头。若说心体是无善无恶，意亦是无善无恶的意，知亦是无善无恶的知，物亦是无善无恶的物矣。若说意有善恶，毕竟心体还有善恶在。"德洪曰："心体是天命之性，原是无善无恶的。但人有习心，意念上见有善恶在，格致诚正，修此正是复那性体功夫。若原无善恶，功夫亦不消说矣。"是夕侍坐天泉桥，各举请正。先生曰："我今将行，正要你们来讲破此意。二君之见正好相资为用，不可各执一边。我这里接人原有此二种。利根之人直从本源上悟入。人心本体原是明莹无滞的，原是个未发之中。利根之人一悟本体，即是功夫，人己内外，一齐俱透了。其次不免有习心在，本体受蔽，故且教在意念上实落为善去恶。功夫熟后，渣滓去得尽时，本体亦明尽了。汝中之见，是我这里接利根人的；德洪之见，是我这里为其次立法的。二君相取为用，则中人上下皆可引入于道。若各执一边，跟前便有失人，便于道体各有未尽。"既而曰："已后与朋友讲学，切不可失了我的宗旨：无善无恶是心之体，有善有恶是意之动，知善知恶是良知，为善去恶是格物。只依我这话头随人指点，自没病痛。此原是彻上彻下功夫。利根之人，世亦难遇，本体功夫，一悟尽透。此颜子、明道所不敢承当，岂可轻易望人！人有习心，不教他在良知上实用为善去恶功夫，只去悬空想个本体，一切事为俱不着实，不过养成一个虚寂。此个病痛不是小小，不可不早说破。"是日德洪、汝中俱有省。

先生曰："先儒解格物为格天下之物，天下之物如何格得？且谓一草一木亦皆有理，今如何去格？纵格得草木来，如何反来诚得自家意？我解格作正字义，物作事字义，《大学》之所谓身，即耳目口鼻四肢是也。欲修身，便是要目非礼勿视，耳非礼勿听，口非礼勿言，四肢非礼勿动。要修这个身，身上如何用得工夫？心者身之主宰，目虽视而所以视者心也，耳虽听而所以听者心也，口与四肢虽言动而所以言动者心也，故欲修身在于体当自家心体，常令廓然大公，无有些子不正处。主宰一正，则发窍于目，自无非礼之视；发窍于耳，自无非礼之听；发窍于口与四肢，自无非礼之言动；此便是修身在正其心。然至善者，心之本体也。心之本体，哪有不善？如今要正心，本体上何处用得功？必就心之发动处才可着力也。心之发动不能无不善，故须就此处着力，便是在诚意。如一念发在好善上，便实实落落去好善；一念发在恶恶上，便实实落落去恶恶。意之所发，既无不诚，则其本体如何有不正的？故欲正其心在诚意。工夫到诚意，始有着落处。然诚意之本，又在于致知也。所谓人虽不知，而已所独知者，此正是吾心良知处。然知得善，却不依这个良知便做去，知得不善，却不依这个良知便不去做，则这个良知便遮蔽了，是不能致知也。吾心良知既不能扩充到底，则善虽知好，不能着实好了；恶虽知恶，不能着实恶了，如何得意诚？故致知者，意诚之本也。然亦不是悬空的致知，致知在实事上格。如意在于为善，便就这件事上去为；意在于去恶，便就这件事上去不为。去恶固是格不正以归于正，为善则不善三了，亦是格不正以归于正也。如此，则吾心良知无私欲蔽了，得以致其极，而意之所发，好善去恶，无有不诚矣！诚意工夫，实下手处在格物也。若如此格物，人人便做得，'人皆可以为尧舜'，正在此也。"

门人有言邵端峰论童子不能格物，只教以洒扫应对之说。先生曰："洒扫应对就是一件物，童子良知只到此，便教去洒扫应对，就是致他这一点良知了。又如童子知畏先生长者，此亦是他良知处。故虽嬉戏中见了先生长者，便去作揖恭敬，是他能格物以致敬师长之良知了。童子自有童子的格物致知。"又曰："我这里言格物，自童子以至圣人，皆是此等工夫。但圣人格物，便更熟得些子，不消费力。如此格物，虽卖柴人亦是做得，虽公卿大夫以至天子，皆是如此做。"

问："人心与物同体，如吾身原是血气流通的，所以谓之同体。若于人便异体了。禽兽草木益远矣，而何谓之同体？"先生曰："你只在感应之几上看，岂但禽兽草木，虽天地也与我同体的，鬼神也与我同体的。"请问。先生曰："你看这个天地中间，甚么是天地的心？"对曰："尝闻人是天地的心。"曰："人又甚么教做心？"对曰："只是一个灵明。""可知充天塞地中间，只有这个灵明，人只为形体自间隔了。我的灵明，便是天地鬼神的主宰。天没有我的灵明，谁去仰他高？地没有我的灵明，谁去俯他深？鬼神没有我的灵明，谁去辩他吉凶灾祥？天地鬼神万物离却我的灵明，便没有天地鬼神万物了。我的灵明离却天地鬼神万物，亦没有我的灵明。如此，便是一气流通的，如何与他间隔得！"又问："天地鬼神万物，千古见在，何没了我的灵明，便俱无了？"曰："今看死的人，他这些精灵游散了，他的天地鬼神万物尚在何处？"

（二）《传习录下》解析

"致良知"是王守仁哲学思想的一个重要命题。王守仁曾说，"吾平生讲学，只是'致良知'三字"。这一命题的提出标志着阳明心学的最终确立。按照一般的说法，"致良知"说的提出是在正德十六年（1521年），这一年王守仁50岁。《年谱》记载："是年先生始揭致良知之教。"

1. 论良知

王守仁的"良知"说是对孟子良知良能说的继承和延伸。孟子说："人之所不学而能者，其良能也，所不虑而知者，其良知也。"在孟轲那里，"良知"是一种先验的道德知识、道德能力。王守仁在孟子学说的基础上，把良知提升到"心之本体"的高度。他把良知看作是孔孟以来失传的儒家道统，是百世不惑的普世真理。王守仁认为，"良知是造化的精灵。这些精灵，生天生地，成鬼成帝，皆从此出，真是与物无对。人若复得他完完全全，无少亏欠，自不觉手舞足蹈，不知天地间更有何乐可代"。这是良知的内涵和良知的地位。良知是造化的精灵，这精灵可以生天生地，成鬼成帝。人们如果完全能够得到它，是天下最快乐的事了。

王守仁认为，良知和致良知分别是"心之本体"和良知的功夫。良知是"心之本体"，王守仁在与于中等人讨论中，赞同"尔胸中原是圣人"的说法，进一步阐述说，"人胸中各有个圣人，只自信不及，都自埋倒了。"王守仁认为，要自信自己心中有圣人的良知，不因为不自信而埋没了自己的良知。"良知在人，随你如何不能泯灭，虽盗贼亦自知不当为盗，唤他做贼，他还忸怩。"良知是先天赋予的、不学不虑的，"不虑而知，不学而能"，是自知的、自觉的、独知的，是判断善恶是非的标准。尽管良知是本体的、先验的，为说明良知是固有的，王守仁还用孔子教育学生的例子，"孔子有鄙夫来问，未尝先有知识以应之，其心只空空而已；但叩他自知的是非两端，与之一剖决，鄙夫之心便已了然。鄙夫自知的是非，便是他本来天则，虽圣人聪明，如何可与增减得一毫？他只不能自信，夫子与之一剖决，便已竭尽无余了。若夫子与鄙夫言时，留得些子知识在，便是不能竭他的良知，道体即有二了。"良知已在人所固有，即使像孔子这样的大儒也不能给别人良知，而只是帮助学生发现他们本来就有的良知。

王守仁认为，良知通有于万事，万物皆有良知。"人的良知，就是草木瓦石的良知。若草木瓦石无人的良知，不可以为草木瓦石矣。岂惟草木瓦石为然，天地无人的良知，亦不可为天地矣。盖天地万物与人原是一体，其发窍之最精处，是人心之一点灵明。风、雨、露、雷、日、月、星、辰、禽、兽、草、木、山、川、土、石，与人原只一体。故五谷禽兽之类皆可以养人；药石之类，皆可以疗疾。只为同此一气，故能相通耳。"王守仁把良知的存在推论到天地万物，但是他又强调其"发窍之最精处"是人心的"一点灵明"。

良知是心之本体，无论贤愚都生来具有。在立论"满街皆是圣人"的同时，王守仁讨论了圣人和众人的差别。"这良知人人皆有，圣人只是保全，无些障蔽，兢兢业业，亹亹翼翼，自然不息，便也是学；只是生的分数多，所以谓之生知安行。众人自孩提之童，莫不完具此知，只是障蔽多，然本体之知自难泯息，虽问学克治也只凭他；只是学的分数多，所以谓之学知利行。"王守仁认为，人人都有良知，不同的是良知在圣人"无些障蔽"，先天的良知多，圣贤能够主动地将内心的遮蔽去除，顺应良知的指引，"生知安行"，生下来就知道如何做事，在众人那里"障蔽多"，而普通人的良知被私欲遮蔽，需要学习良知更多，学知利行。

在回答德洪与汝中的学术争论时，王守仁让他们不要各执一边，并对他们的观点进行了综合，论述也极似普通人与圣人区分的论述："我这里接人原有此二种。利根之人直从本源上悟入。人心本体原是明莹无滞的，原是个未发之中。利根之人一悟本体，即是功夫，人己内外，一齐俱透了。其次不免有习心在，本体受蔽，故且教在意念上实落为善去恶。功夫熟后，渣滓去得尽时，本体亦明尽了。汝中之见，是我这里接利根人的；德洪之见，是我这里为其次立法的。二君相取为用，则中人上下皆可引入于道。"[1] 但是讨论圣人和众人的区别意在说明，成贤成圣并不是一个遥不可及的目标，而是回归到"满街皆是圣人"，这给为学者充分的信心，也要求为学者要有成圣的志向和决心。

愚夫愚妇与贤圣的区别只是后天上去不去"致良知"。"耳原是聪，目原是明，心思原是睿智，圣人只是一能之尔。能处正是良知，众人不能，只是个不致知，何等明白简易！"良知是圣人和众人都可以有的，圣人也没有什么应对玄妙的，只是有良知；众人没有良知，只是因为不致良知。但是不能简单地消除众人私欲对良知的遮蔽，王守仁认为，"不可以云能蔽日，教天不要生云。七情顺其自然之流行，皆是良知之用，不可分别善恶，但不可有所着；七情有着，俱谓之欲，俱为良知之蔽；然才有着时，良知亦自会觉，觉即蔽去，复其体矣！此处能勘得破，方是简易透彻功夫。"王守仁用太阳和云的隐喻论述发"知"和"欲"的关系，王守仁认为，太阳是不会灭的，不能因为云遮蔽太阳，就让天不要有云，只能下功夫，去私欲致良知。

---

[1] 吴光钱，明董平，姚延福.《王阳明全集》[M].《卷三·语录三·传习录下》.上海：上海古籍出版社，2006.118.

2. 论致良知

"良知"是心之本体，"致良知"是功夫，本体与功夫两者不可分，功夫是展现致良知的过程，致良知成为王守仁非常关注的一个内容。

致良知的过程是什么？王守仁详细论述了致良知的过程。王守仁反思了先儒观点，"先儒解格物为格天下之物，天下之物如何格得？且谓一草一木亦皆有理，今如何去格？"在此基础上，他以反问的形式提出，"纵格得草木来，如何反来诚得自家意？"从而展开了关于致良知的论述。

王守仁把他的论述基本范畴进行了定义，"我解格作正字义，物作事字义"，在明确这两个基本范畴后，王守仁把格物、致知、诚意、正心、修身的顺序反过来说明致良知的过程。首先，王守仁从修身开始其论述，进而论述正心，再诚意，再致知，最后到格物，从这样一个逻辑关系来说明致良知的机制。王守仁认为，"《大学》之所谓身，即耳目口鼻四肢是也。欲修身，便是要目非礼勿视，耳非礼勿听，口非礼勿言，四肢非礼勿动。要修这个身，身上如何用得功夫？"

王守仁认为，修身的功夫不在于身上，而在于心，心才是身的主宰，"心者身之主宰"，"目虽视而所以视者心也，耳虽听而所以听者心也，口与四肢虽言动而所以言动者心也，故欲修身在于体当自家心体，常令廓然大公，无有些子不正处。"[1]眼睛虽然可以看东西，实际上是心在看，耳朵虽然可以听声音，实际上是心在听；嘴巴和手脚虽然可说话行动，实际上是心在动，所以修身在于修自己的心，常让它归于正，"主宰一正，则发窍于目，自无非礼之视；发窍于耳，自无非礼之听；发窍于口与四肢，自无非礼之言动，此便是修身在正其心。"[2]

---

[1]　吴光钱，明董平，姚延福.《王阳明全集》[M].《卷三·语录三·传习录下》.上海：上海古籍出版社，2006.119.

[2]　吴光钱，明董平，姚延福.《王阳明全集》[M].《卷三·语录三·传习录下》.上海：上海古籍出版社，2006.119.

如果心正在眼睛表现出来，自然没有非礼之视；从耳朵表现出来，自然没有非礼之听；从嘴巴表现出来，自然没有非礼之言行。因此，修身在于正心，使心归于正。

但是至善是心的本体，心的本体没有不善的。本体上无法用功夫。王守仁提出："必就心之发动处才可着力也。心之发动不能无不善，故须就此处着力，便是在诚意。"王守仁认为："如一念发在好善上，便实实落落去好善；一念发在恶恶上，便实实落落去恶恶。"这样以为，意之所发，既无不诚，其本体也不可能不正。所以要想正心必须诚意。"工夫到诚意，始有着落处。"

诚意的根本在于致知，"所谓人虽不知，而己所独知者，此正是吾心良知处"。但是明知什么是好的，却不按照这个良知去行事，明知什么是不好的，却不按照这个良知不去做坏事，"则这个良知便遮蔽了，是不能致知也"。良知要扩充到底，否则就无法达到诚意，"吾心良知既不得扩充到底，则善虽知好，不能着实好了；恶虽知恶，不能着实恶了，如何得意诚？"

致知也不是悬空的致知，致知必须通过格物，王守仁认为，"然（致知）亦不是悬空的致知，致知在实事上格"。在论述到格物之后，王守仁又把格物、致知、诚意、正心联系起来，简单阐明了致良知的过程，"如意在于为善，便就这件事上去为；意在于去恶，便就这件事上去不为。去恶固是格不正以归于正，为善则不善正了，亦是格不正以归于正也"。如果这样，那么心的良知就没有私欲的遮蔽，到达最高境界，这时所发出的意能好善去恶，意也就没有不诚的了。"诚意工夫，实下手处在格物也。"

3. 论致良知的方法

致良知的具体方法是什么？首先，王守仁认为，致良知要尊重学习者的学习规律。他说："吾辈致知，只是各随分限所及。今日良知见在如此，只随今日所知扩充到底；明日良知又有开悟，便从明日所知扩充到底。如此方是精一功夫。与人论学，亦须随人分限所及。如树有这些萌芽，只把这些水去灌溉。萌芽再长，便又加水。自拱把以至合抱，灌溉之功皆是随其分限所及。若些小萌芽，有一桶水在，尽要倾上，便浸坏他了。"意即，根据不同阶段人的良知水平，及时"扩充到底"，如昗不顾人的良知水平进行教育活动，"便浸坏他了"，就会对他的发展不利。

其次，王守仁认为，致良知要"在格物上用功"，否则，"譬如无根之树，移栽水边，虽暂时鲜好，终久要憔悴"。格物是致良知的一个重要方法，儿童也可以通过格物以致良知。王守仁从他的门人提出的邵端峰论童子不能格物，只教以洒扫应对之说对儿童格物致知进行了阐述。"洒扫应对就是一件物，童子良知只到此，便教去洒扫应对，就是致他这一点良知了。又如童子知畏先生长者，此亦是他良知处。故虽嬉戏中见了先生长者，便去作揖恭敬，是他能格物以致敬师长之良知了。童子自有童子的格物致知。"

并且，童子与圣人的格物功夫是一致的。"我这里言格物，自童子以至圣人，皆是此等功夫。"从格物而致良知，王守仁认为具有普遍的可操作性，"如此格物，虽卖柴人亦是做得，且公卿大夫以至天子，皆是如此做。"当然，格物致知过程中不同人感觉的难昜或有不同，圣人在格物过程中"便更熟得些子，不消费力。"

第三，王守仁认为，致良知的方法包括静坐，但是静坐只是方法之一，并不是它比其他方法优越，只要能达到致良知的目的，也可以使用其他方法。"良知明白，随你去静处体悟也好，随你去事上磨炼也好，良知本体原是无动无静的。此便是学问头脑。"[1]

最后，王守仁认为致良知需要"实落用功"，"既知致良知，又何可讲明？

[1]　吴光钱，明董平，姚延福.《王阳明全集》[M].《卷三　语录三　传习录下》.上海：上海古籍出版社，2006.105.

良知本是明白,实落用功便是。不肯用功,只在语言上转说转糊涂。"[1] 王守仁用讲故事的方法回答了"正求讲明致之之功"的人,以前有一个禅师,有人来问法,他只把麈尾提起来,有一天,他的徒弟将麈尾藏起来,看他如何设法,禅师找不到麈尾,又只把手提起来。王守仁说良知就是设法的麈尾,没有这个,有何可提起来的?

4. 论致良知与科举的关系

在此,王守仁谈到了一个重要问题,举业与学习的关系。有人问王守仁,"读书所以调摄此心,不可缺的。但读之之时,一种科目意思牵引而来,不知何以免此?"读书的时候常被科举的考虑所累,如何戒除,这是当时学子所纠结的问题。王守仁回答,"只要良知真切,虽做举荣,不为心累;总有累亦易觉,克之而已。"对此,王守仁特别强调良知的作用,他认为只要良知真切,即是考虑科举,也不会成为心之所累,即使有所累也容易察觉,克服掉就是了。"良知知得强记之心不是,即克去之;有欲速之心不是,即克去之;有夸多斗靡之心不是,即克去之。"读书时,良知会把强记之心、欲速之心、夸多斗靡之心克服掉。"如此,亦只是终日与圣贤印对,是个纯乎天理之心。任他读书,亦只是调摄此心而已,何累之有?"这样一来,读书只是与圣贤印对良知的差距,怎么读书都是调摄人的心,科举也就不会成为士子读书之所累。

七、《教条示龙场诸生》

本篇是王守仁流放龙场驿讲学时为诸生所立下的四项准则,充分体现了其教育思想的最基本点,即立志、勤学、改过、责善。

────────────

[1] 吴光钱,明董平,姚延福.《王阳明全集》[M].《卷三·语录三·传习录下》.上海:上海古籍出版社,2006.109.

（一）《教条示龙场诸生》原文 [1]

诸生相从于此，甚盛。恐无能为助也，以四事相规，聊以答诸生之意：一曰立志；二曰勤学；三曰改过；四曰责善。其慎听，毋忽！

立志

志不立，天下无可成之事，虽百工技艺，未有不本于志者。今学者旷废隳惰，玩岁愒时，而百无所成，皆由于志之未立耳。故立志而圣，则圣矣；立志而贤，则贤矣。志不立，如无舵之舟，无衔之马，漂荡奔逸，终亦何所底乎？昔人有言，使为善而父母怒之，兄弟怨之，宗族乡党贱恶之，如此而不为善可也；为善则父母爱之，兄弟悦之，宗族乡党敬信之，何苦而不为善为君子？使为恶而父母爱之，兄弟悦之，宗族乡党敬信之，如此而为恶可也；为恶则父母怒之，兄弟怨之，宗族乡党贱恶之，何苦而必为恶为小人？诸生念此，亦可以知所立志矣。

勤学

已立志为君子，自当从事于学。凡学之不勤，必其志之尚未笃也。从吾游者，不以聪慧警捷为高，而以勤确谦抑为上。诸生试观侪辈之中，苟有虚而为盈，无而为有，讳己之不能，忌人之有善，自矜自是，大言欺人者，使其人资禀虽甚超迈，侪辈之中，有弗疾恶之者乎？有弗鄙贱之者乎？彼固将以欺人，人果遂为所欺，有弗窃笑之者乎？苟有谦默自持，无能自处，笃志力行，勤学好问，称人之善，而咎己之失，从人之长，而明己之短，忠信乐易，表里一致者，使其人资禀虽甚鲁钝，侪辈之中，有弗称慕之者乎？彼固以无能自处，而不求上人，

[1]　吴光钱，明董平，姚延福.《王阳明全集》[M].《卷二十六·续编一·教条示龙场诸生》.上海：上海古籍出版社，2006.974—976.

人果遂以彼为无能，有弗敬尚之者乎？诸生观此，亦可以知所从事于学矣。

改过

夫过者，自大贤所不免，然不害其卒为大贤者，为其能改也。故不贵于无过，而贵于能改过。诸生自思平日亦有缺于廉耻忠信之行者乎？亦有薄于孝友之道，陷于狡诈偷刻之习者乎？诸生殆不至于此。不幸或有之，皆其不知而误蹈，素无师友之讲习规饬也。诸生试内省，万一有近于是者，固亦不可以不痛自悔咎。然亦不当以此自歉，遂馁于改过从善之心。但能一旦脱然洗涤旧染，虽昔为寇盗，今日不害为君子矣。若曰吾昔已如此，今虽改过而从善，将人不信我，且无赎于前过，反怀羞涩凝沮，而甘心于污浊终焉，则吾亦绝望尔矣。

责善

责善，朋友之道，然须忠告而善道之。悉其忠爱，致其婉曲，使彼闻之而可从，绎之而可改，有所感而无所怒，乃为善耳。若先暴白其过恶，痛毁极诋，使无所容，彼将发其愧耻愤恨之心，虽欲降以相从，，而势有所不能，是激之而使为恶矣。故凡讦人之短，攻发人之阴私以沽直者，皆不可以言责善。虽然，我以是而施于人不可也。人以是而加诸我，凡攻我之失者，皆我师也，安可以不乐受而心感之乎？某于道未有所得，其学卤莽耳。谬为诸生相从于此，每终夜以思，恶且未免，况于过乎？人谓事师无犯无隐，而遂谓师无可谏，非也。谏师之道，直不至于犯，而婉不至于隐耳。使吾而是也，因得以明其是；吾而非也，因得以去其非。盖教学相长也。诸生责善，当自吾始。

（二）《教条示龙场诸生》解析

立志是儒学修养的前提和功夫。王守仁要求学子为学首先做到的就是"立志"，立志则事竟成。立志是四项准则中最重要的一项。王守仁认为，立志是为学的基础和前提，并贯穿了为学的全过程。立志是自孔子以来儒家学者共同倡导的为学根基。《论语·述而》中有"志于道，据于德，依于仁，游于艺"，"志于道"是后面的基础，"只志道一句，便含下面数句功夫，自住不得。譬如做此屋，志于道是念念要去择地鸠材，经营成个区宅。据德却是经画已成，有可据矣。依仁却是常常住在区宅内，更不离去，游艺却是加些画采，美此区宅。艺者，义也，理之所宜者也，如诵诗、读书、弹琴、习射之类，皆所以调习此心，使之熟于道也。苟不志道而游艺，却如无状小子；不先去置造区宅，只管要去买画挂做门面，不知将挂在何处？"[1]在龙场驿时，王守仁还没有提出致良知的学说，但此时已经有了良知的思想。此处的立志即是让学子树立去恶存善的决心。立志贵在专一。只有专一为善，才能把善端扩充发散，如树苗逐渐长成苍天大树。志向明确笃定后需要勤学。

王守仁认为评价一个人的求学，不在于天资聪慧与否，而在于能够勤学笃行。勤学，不仅指读书，也包括个人的思想品德修养。为此，他又提出了"改过""责善"两项要求。"改过"是对己而言，凡人"不贵于无过，而贵于能改过"；"责善"是对人而言，规劝别人改过，"责善，朋友之道，然须忠告而善道之"。王守仁尤其强调师生之间应该通过"责善"达到教学相长。"责善"虽然是对学生提出的为学原则，也充分体现出王守仁倡导师生平等、以身作则的思想。

八、《应天府重修儒学记》

明正德九年（1514年）的五月，王守仁升任南京鸿胪寺卿。到南京后，正

---

[1]　吴光钱，明董平，姚延福.《王阳明全集》[M].《卷三·语录三·传习录下》.上海：上海古籍出版社，2006.100.

赶上南京地方政府倡议重修应天儒学。应天儒学重修后，请王守仁作记，即《应天府重修儒学记》。

（一）《应天府重修儒学记》原文 [1]

应天，京兆也。其学为东南教本，国初以为太学。洪武辛酉，始改创焉；再修于正德之己酉。自是而后，浸以敝圮。正德壬申，府尹张公宗厚始议新之，未成而迁中丞以去。白公辅之相继为尹，乃克易朽兴颓，大完其所未备，而又自以俸余，增置石栏若干楹于棂星门之外。于是府丞赵公时宪亦协心赞画，故数十年之废，一旦修举，焕然改观。师模士气，亦皆鼓动兴起，庙学一新。教授张云龙等，与合学之士二百有若干人撰序二公之绩，征予文为记。予既不获辞，则谓之曰：多师多士，若知二公修学之为功矣，亦知自修其学，以成二公之功者乎？夫立之师儒，区其斋庙，昭其仪物，具其廪庖，是有国者之立学也，而非士之立学也；缉其弊壤，新其圮塈，给其匮乏，警其怠弛，是有司者之修学也，而非士之修学也。士之学也，以学为圣贤。圣贤之学，心学也。道德以为之地，忠信以为之基，仁以为宅，义以为路，礼以为门，廉耻以为垣墙，"六经"以为户牖，"四子"以为阶梯。求之于心而无假于雕饰也，其功不亦简乎？措之于行而无所不该也，其用不亦大乎？三代之学皆此矣。我国家虽以科目取士，而立学之意，亦岂能与三代异！学之弗立，有国者之缺也；弗修焉，有司者之责也；立矣修矣，而居其地者弗立弗修，是师之咎，士之耻也。二公之修学，既尽有司之责矣，多师多士无亦相与自修其学，以远于咎耻者乎？无亦扩乃地，厚乃基，安乃宅，辟乃门户，固乃垣墙；学成而用，大之则以庇天下，次之则以庇一省一郡，小之则以庇其乡闾家族，庶亦无负于国家立学之意、有司修学

---

[1] 吴光钱，明董平，姚延福.《王阳明全集》[M].《卷二十三·外集五·应天府重修儒学记》.上海：上海古籍出版社，2006.899—900.

之心哉！若乃旷安宅．舍正路，圮基壤垣，倚圣贤之门户以为奸，是学校之为萃渊薮也，则是朝廷立之而为士者倾之，有司修之，而为士者毁之，亦独何心哉！应天为首善之也，豪杰俊伟，先后相望；其文采之炳蔚，科甲之盛多，乃其所素余，有不屑于言者。故吾因新学之举，嘉多师多士，忻然有维新之志，而将进之圣贤之学也。于是乎言。

（二）《应天府重修儒学记》解析

王守仁以士人求学的主要目的在"学为圣贤"，勉励学子，并且指出圣贤之学是"心学"。接着王守仁强调忠信、仁义、廉耻等德性修养，乃是"学为圣贤"的必要功夫，"六经""四书"则是帮助我们明了圣贤之学的户牖与阶梯。事实上，此处王守仁强调道德修养与"六经""四书"的重要性，一方面是为士人学子指出圣贤之学的入门途径，另一方面则是阐明"心学"之义，说明德性修养是"心学"的重要内涵，同时也意味着"六经""四书"亦属于"心学"。

九、《稽山书院尊经阁记》

稽山书院由北宋范仲淹创建，位于府城卧龙山西岗（今府山风雨亭处）。南宋时朱熹司提举浙东常平茶盐事，于此讲学敷政，以倡多士。明正德间（1506—1521 年），山阴知县张焕移建故址之西。嘉靖三年（1524 年）知府南大吉及山阴县令吴瀛拓书院，增建"明德堂""尊经阁"。王守仁于此阐述"致良知"之学，并撰写了《稽山书院尊经阁记》。

（一）《稽山书院尊经阁记》原文 [1]

经，常道也。其在于天谓之命，其赋于人谓之性，其主于身谓之心。心也，性也，命也，一也。通人物，达四海，塞天地，亘古今，无有乎弗具，无有乎弗同，无有乎或变者也。是常道也，其应乎感也，则为恻隐，为羞恶，为辞让，为是非；其见于事也，则为父子之亲，为君臣之义，为夫妇之别，为长幼之序，为朋友之信。是恻隐也，羞恶也，辞让也，是非也；是亲也，义也，序也，别也，信也；一也。皆所谓心也，性也，命也。通人物，达四海，塞天地，亘古今，无有乎弗具，无有乎弗同，无有乎或变者也，是常道也。是常道也，以言其阴阳消息之行焉，则谓之《易》；以言其纪纲政事之施焉，则谓之《书》；以言其歌咏性情之发焉，则谓之《诗》；以言其条理节文之著焉，则谓之《礼》；以言其欣喜和平之生焉，则谓之《乐》；以言其诚伪邪正之辩焉，则谓之《春秋》。是阴阳消息之行也，以至于诚伪邪正之辩也，一也；皆所谓心也，性也，命也。通人物，达四海，塞天地，亘古今，无有乎弗具，无有乎弗同，无有乎或变者也，夫是之谓《六经》。《六经》者非他，吾心之常道也。故《易》也者，志吾心之阴阳消息者也；《书》也者，志吾心之纪纲政事者也；《诗》也者，志吾心之歌咏性情者也；《礼》也者，志吾心之条理节文者也；《乐》也者，志吾心之欣喜和平者也；《春秋》也者，志吾心之诚伪邪正者也。君子之于《六经》也，求之吾心之阴阳消息而时行焉，所以尊《易》也；求之吾心之纪纲政事而时施焉，所以尊《书》也；求之吾心之歌咏性情而时发焉，所以尊《诗》也；求之吾心之条理节文而时著焉，所以尊《礼》也；求之吾心之欣喜和平而时生焉，所以尊《乐》也；求之吾心之诚伪邪正而时辩焉，所以尊《春秋》也。

[1] 吴光钱，明董平，姚延福.《王阳明全集》[M].《卷七·文录四·稽山书院尊经阁记》上海：上海古籍出版社，2006.254—256.

　　盖昔者圣人之扶人极，忧后世，而述《六经》也，犹之富家者之父祖虑其产业库藏之积，其子孙者或至于遗忘散失，卒困穷而无以自全也，而记籍其家之所有以贻之，使之世守其产业库藏之积而享用焉，以免于困穷之患。故《六经》者，吾心之记籍也，而《六经》之实则具于吾心；犹之产业库藏之实积，种种色色，具存于其家。其记籍者，特名状数目而已。而世之学者，不知求《六经》之实于吾心，而徒考索于影响之间，牵制于文义之末，砭砭然以为是《六经》矣。是犹富家之子孙不务守视享用其产业库藏之实积，日遗忘散失，至于窭人匃夫，而犹嚣嚣然指其记籍曰："斯吾产业库藏之积也"，何以异于是！

　　呜呼！《六经》之学，其不明于世，非一朝一夕之故矣。尚功利，崇邪说，是谓乱经；习训诂，传记诵，没溺于浅闻小见以涂天下之耳目，是谓侮经；侈淫辞，竞诡辩，饰奸心，盗行逐世，垄断而自以为通经，是谓贼经。若是者，是并其所谓记籍者而割裂弃毁之矣，宁复知所以为尊经也乎！

　　越城旧有稽山书院，在卧龙西岗，荒废久矣。郡守渭南南君大吉既敷政于民，则慨然悼末学之支离，将进之以圣贤之道。于是使山阴令吴君瀛拓书院而一新之，又为尊经之阁于其后。曰："经正，则庶民兴；庶民兴，斯无邪慝矣。"阁成，请予一言以谂多士。予既不获辞，则为记之若是。呜呼！世之学者既得吾说而求诸其心焉，其亦庶乎知所以为尊经也矣。

（二）《稽山书院尊经阁记》解析

　　这篇记被称为王守仁的心法。《尊经阁记》只有几百字，但已经把王守仁对整个心学的观点，乃至对整个"六经"的看法，纲举目张地展现出来。

　　在这篇文章中，王守仁提出了著名的儒家经典与心学的关系。"经，常道也""《六经》者非他，吾心之常道也""'六经'者，吾心之记籍也"，儒家经典所记录的,是人本心所存有经常不变的道德意识与道德伦理法则,也就是"常道"。如同《孟子》所谓的"恻隐之心""羞恶之心""辞让之心""是非之心",以及"父子有亲""君臣有义""夫妇有别""长幼有序""朋友有信"等五伦之道。

王守仁在这篇文章中主要强调:人伦常道乃具足于吾人"心"中,它是吾人本心原即具有的人伦道德意识法则,由于圣人忧心后世常道沦丧,为了扶立人伦常道,于是传述斯道,撰为《六经》。但事实上《六经》所存仅是此人伦常道之文字概念,人伦常道的真实精神与真实意识乃是存在于吾人本心当中。

王守仁把《诗》《书》《礼》《易》《乐》《春秋》一以贯之,把它们全部放在"心也,性也,命也,一也"上来,把庞大的"六经"体系放在我们人人本具,个个现成的"心也,性也,命也"的状态上。因此王守仁一方面指出儒家经典的价值旨趣,一方面也指点学者从研读经典当中获得人伦常道的启觉之后,当反求诸己,强化内心的道德自觉。

十、《重修山阴县学记》

《重修山阴县学记》写于明嘉靖四年(1525年),与《稽山书院尊经阁记》并列被记录在《王守仁全集》卷七中。

(一)《重修山阴县学记》原文 [1]

山阴之学,岁久弥敝。教谕汪君瀚辈以谋于县尹顾君铎而一新之,请所

---

[1] 吴光钱,明董平,姚延福.《王阳明全集》[M].《卷七·文录四·重修山阴书院记》.上海:上海古籍出版社,2006.256—258.

以诏士之言于予。时予方在疚，辞，未有以告也。已而顾君入为秋官郎，洛阳吴君瀛来代，复增其所未备而申前之请。昔予官留都，因京兆之请，记其学而尝有说焉。其大意以为朝廷之所以养士者不专于举业，而实望之以圣贤之学。今殿庑堂舍，拓而辑之；饩廪条教，具而察之者，是有司之修学也。求天下之广居安宅者而修诸其身焉，此为师、为弟子者之修学也。其时闻者皆惕然有省，然于凡所以为学之说，则犹未之及详。今请为吾越之士一言之。

　　夫圣人之学，心学也。学以求尽其心而已。尧、舜、禹之相授受曰："人心惟危，道心惟微，惟精惟一，允执厥中。"道心者，率性之谓，而未杂于人。无声无臭，至微而显，诚之源也。人心，则杂于人而危矣，伪之端矣。见孺子之入井而恻隐，率性之道也；从而内交于其父母焉，要誉于乡党焉，则人心矣。饥而食，渴而饮，率性之道也；从而极滋味之美焉，恣口腹之饕焉，则人心矣。惟一者，一于道心也。惟精者，虑道心之不一，而或二之以人心也。道无不中，一于道心而不息，是谓"允执厥中"矣。一于道心，则存之无不中，而发之无不和。是故率是道心而发之于父子也无不亲；发之于君臣也无不义；发之于夫妇、长幼、朋友也无不别、无不序、无不信；是谓中节之和，天下之达道也。放四海而皆准，亘古今而不穷；天下之人同此心，同此性，同此达道也。舜使契为司徒而教以人伦，教之以此达道也。当是之时，人皆君子而比屋可封，盖教者惟以是为教，而学者惟以是为学也。圣人既没，心学晦而人伪行，功利、训诂、记诵辞章之徒纷沓而起，支离决裂，岁盛月新，相沿相袭，各是其非，人心日炽而不复知有道心之微。间有觉其纰缪而略知反本求源者，则又哄然指为禅学而群訾之。呜呼！心学何由而复明乎！夫禅之学与圣人之学，皆求尽其心也，亦相去毫厘耳。圣人之求尽其心也，以天地万物为一体也。吾之父子亲矣，而天下有未亲者焉，吾心未尽也：吾之君臣义矣，而天下有未义者焉，吾心未尽也；吾之夫妇别矣，长幼序矣，朋友信矣，而天下有未别、未序、未信者焉，吾心未尽也。吾之一家饱暖逸乐矣，而天下有未饱暖逸乐者焉，其能以亲乎？义乎？别、序、信乎？吾心未尽也；故于是有纪纲政事之设焉，有礼乐教化之施焉，凡以裁成辅相、成己成物，而求尽吾心焉耳。心尽而家以齐，国以治，天下以平。故圣人之学不出乎尽心。禅之学非不以心为说，然其意以为是达道也者，固吾之心也，吾惟不昧吾心于其中则亦已矣，而亦岂必屑屑于其外；其外有未当也，则亦岂必屑屑于其中。斯亦其所谓尽心者矣，而不知已陷于自私自利之偏。是以外人伦，遗事物，以之独善或能之，而要之不可以治家国天下。盖圣人之学无人己，无内外，一天地万物以为心；而禅之学起于自私自利，而未免于内外之分；斯其所以为异也。今之为心性之学者，而果外人伦，遗事物，则诚所谓禅矣，使其未尝外人伦，遗事物，而专以存心养性为事，则固圣门精一之学也，而可谓之禅乎哉！世之学者，承沿其举业词章之习以荒秽戕伐其心，既与圣人尽心之学相背而驰，日骛日远，莫知其所抵极矣。有以心性之说而招之来归者，则顾骇以为禅，而反仇雠视之，不亦大可哀乎！夫不自知其为非而以非人者，是旧习之为蔽，而未可遽以为罪也。有知其非者矣，藐然视人之非而不以告人者，自私者也。既告之矣，既知之矣，而犹冥然不以自反者，自弃者也。吾越多豪杰之士，其特然无所待而兴者，为不少矣，而亦容有蔽于旧习者乎？故吾因诸君之请而特为一言之。呜呼！吾岂特为吾越之士一言之而已乎？

(二)《重修山阴县学记》解析

在《重修山阴县学记》中，王守仁对"圣人之学是心学"进行了详尽地阐述。在这篇文章里，王守仁详细阐明"心学"的意涵，揭示"内圣"与"外王"之全功始为"尽其心"的完整意义，始为心学的完整意涵。

王守仁认为"圣人之学是心学"，"心学"的宗旨是"学以求尽其心"。阳明在文中完整、详细地阐释了对于尧、舜、禹三圣递相传授的"危惟精一"十六字心法：道心者，率性之谓，而未杂于人。无声无臭，至微而显，诚之源也。人心，则杂于人而危矣，伪之端矣。见孺子之入井而恻隐，率性之道也；从而内交于其父母焉，要誉于乡党焉，则人心矣。饥而食，渴而饮，率性之道也；从而极滋味之美焉，恣口腹之饕焉，则人心矣。惟一者，一于道心也。惟精者，虑道心之不一，而或二之以人心也。道无不中，一于道心而不息，是谓'允执厥中'矣"。今人如果能够"允执厥中"，专一持守道心而不间断，则"存之无不中，而发之无不和"。自然能够实践父子有亲、君臣有义、夫妇有别、长幼有序、朋友有信等人伦之道。

但是阳明认为即使自身能实践五伦之道，仍未达到"尽其心"这一心学的终极目标，必须能够发挥"以天地万物为一体"的精神，使自己以及天下人皆能实践人伦之道，使人人能够"饱暖逸乐"，生活安定无忧，才算是"尽其心"。

王守仁的学说深受佛、道思想的影响，王守仁的"诚意"说，王门功夫中注重静坐修身的教育方法等都与佛教禅宗关系密切。在日常论述中，王守仁不再将佛、老视为首要的异端，在《别湛甘泉序》中，王明阳对佛道两家给予肯定与容纳，并对世俗功利化了的儒学进行批判，提倡自得之学："今世学者，皆知宗孔、孟，贱杨墨，摈释老，圣人之道，若大明于世。然吾从而求之圣人不得而见之矣。其能有若墨氏之兼爱者乎？其能有若杨氏之有我者乎？其能有若老氏之清净自守、释氏之究心性命者乎？吾何以杨、墨、老、释之思哉？彼于圣人之道异，然犹有自得也。而世之学者，章绘句琢以夸俗，诡心色取，相饰以伪，谓圣人之道劳苦无功，非复人之所可为，而徒取辨于言辞之文；古之人有终身不能究者，今吾皆茝言其略自以为若是亦足以，而圣人之学遂废。

则今之所大患者，岂非记诵辞章之习！而弊之所从来，无亦言之太详、析之太精者之过欤？夫杨、墨、老、释，学仁义，求性命，不得其道而偏焉，固非若今之学者以仁义为不可学，性命之为无益也。居今之时而有学仁义，求性命，外记诵辞章而不为者，虽其陷于杨墨老氏之偏，吾犹且以为贤，彼其心犹求以自得也。夫求以自得，而后可与之言学圣人之道。"对于佛道的倡导，以及王学说中与佛道的形似性，使得当时有人指责阳明学"是内非外"，更有视王学"骇以为禅者"。王守仁在这篇文章中为自己辩护，并力图澄清自己为学与禅学之间的是非异同："今之为心性之学者，而果外人伦，遗事物，则诚所谓禅矣；使其未尝外人伦，遗事物，而专以存心养性为事，则固圣门精一之学也，而可谓之禅乎哉！"王守仁认为禅学"遗弃伦理""是内遗外"，而阳明则坚决主张"无内外"，即超越内与外的分裂和对峙，将"合内外"作为自己的哲学立场。此外，王守仁把纲纪政事的制定、礼乐教化的施行、成己成物，以及"家齐，国治，天下平"之政治理想的实现等儒家"外王"事功的完成，也纳入"尽其心"之中。